PHP
Business Shinsho

ポケットMBA

ロジカル・シンキング

互いに理解し、成果につなげる！

GLOBIS
グロービス［著］

Shigefumi Oka
岡　重文［執筆］

PHPビジネス新書

はじめに

グロービスで、世間で言うところの「ロジカル・シンキング」という科目の講師を15年ほど担当していて気がついたことが3つあります。

1つ目は、「自分が正しいと証明することに、がんばりすぎているということ」。
2つ目は、「自分が何を考えているのか、案外きちんと理解できていないこと」。
3つ目は、「聞けば『たしかにそうだよね』ということを、一手間惜しまずにきちんとやれていないこと」。

まず、1つ目「自分が正しいと証明することに、がんばりすぎている」について。これが結構重要です。ここで考えておかなければならない論点は2つです。

1．そもそも、自分の考えている問題は「正しい」と言い切れる性質のものなのか

2．組織で仕事をする中で「自分は正しい」と証明することにどこまで労力をかける必要があるのか

前者は、「ロジカル・シンキング」を理解するうえで押さえておく必要のある重要な論点であり、後者は、組織の中で仕事をするということ、言い換えると自分以外の人の力を借りるにはどうすればよいかを考慮にいれたときに、「ロジカルに考える」とはどのような意味を持つことになるのかという論点です。

本書ではまず第1章で、この「『ロジカルに考える』って何だろう」というテーマからスタートします。

次に2つ目の「自分が何を考えているのか、案外きちんと理解できていない」について。

これは、「自分が今何をしようとしているのか」つまり、「今考えている行為」をきちんと理解し、その行為の意味合いを意識して、言語化できている人は案外多くないということです。

そこで、本書の第2章以降では、考える行為の中から、ビジネスシーンにおいて必要となる4つを選び、今考えていることは果たして、

1. 「分析」なのか
2. 「評価」なのか
3. 「仮説」なのか
4. 「選択」なのか

という視点でそれぞれ深く掘り下げて考えていきます。

「本当にこの4つだけなのか」「単独に切り出せないのではないか」というご意見はもっともで、これら4つ以外の思考ももちろんありますし、実態としては、人は複合的に物事を考えているものです。

一方でたとえば、「何かを分けて考えよう＝分析」をする際に求められるポイントと、「何に決めよう＝選択」をする際に求められるポイントは異なりますし、また、複合的で

あったとしても、その基本単位の積み上げであることも事実です。そこでこの4つの「思考」について、特に採り上げることにしました。

最後に、3つ目の「聞けば『たしかにそうだよね』ということを、一手間惜しまずにきちんとやれていない」について。

具体的な事例については、本文の中で触れていきますが、「ロジカル・シンキング」は、きちんとやろうとすると面倒くさい、どうしても一手間、労力をかける必要のある行為なのです。そして、頭ではわかっていてもついついサボってしまいがちなテーマでもあります。たとえるならば、頭ではやせたいと思っているけれど、実際にはその努力をサボってしまう、ダイエットと同じような難しさを持っています。

「こうすれば誰でもやせられる」という究極のダイエット法が確立されていないのと同様に、ロジカル・シンキングを身につけるための決定打というのは難しいのですが、本書では「『たしかにそうだよね』ということ」と「一手間かけるためにどうすればよいか」について、できるだけわかりやすく表現するよう努力してみました。

第2章以降の、「分析」「評価」「仮説」「選択」という4つのテーマの中では、しっかり考えるとはどういうことか、そしてその際何に気をつければいいのかという努力の方向性と、組織の中で実際に使っていく際に意識しておきたいことを考えていきます。

そして最後の第6章で、改めて「『ロジカル』って何だろう」という問いを考えていきます。

では早速、間違った努力をしない、自分にとっても、相手にとっても「優しい」ロジカル・シンキングについての説明を始めましょう。

［ポケットMBA］ロジカル・シンキング◆目次

第2章 「分析」のセンスを磨く

第3章 評価――思考プロセスを透明化せよ

第4章 「仮説」の精度を上げる

5 未来への仮説とは、「予測」することである 178

第5章 「選択」という大問題——結局、どう決めればいいのか

第1章

「ロジカルに考える」って何だろう?

1 「ロジカルとは何か」は相手によって「も」変わる

▼ロジカルとは、つまるところ、納得感のある根拠を主張に添えられるか

さて、いきなりですが、あなたが、今度、新しく始めるプロジェクトのリーダーを誰に任せるのがいいのかを議論していたとしましょう。あなたは、A君の姿を思い浮かべ、提案をしてみることにしました。

あなた「A君がいいと思います」（1）
課　長「なるほど、どうしてそう考えたの？」
あなた「はい、A君が適任だと思ったからです」（2）
課　長「適任というのは？」
あなた「A君、いつも一生懸命がんばっているからです」（3）

課　長「そうだよなあ、たしかにがんばっているよな。でもがんばっているのは他のみんなだってそうだし、がんばっているというだけでは、ちょっと判断が難しいなあ……」

あなた「であれば、A君は一番実績を出しています」（4）

課　長「なるほどね。具体的には？」

笑い話のような会話ですが、実は程度の差はあれ、同じようなことがあなたの周りでもたくさん起きているのではないでしょうか。

ここでは「A君がいいというあなたの主張」について、具体的にどのような論理なのかを整理しておきましょう。

まず、（1）「A君がいいと思います」これは、あなたの言いたいことであり、主張です。何を主張しているのかは明確なのでいいのですが、次の課長の質問がそうであるように聞き手は自然に、「なぜ？」という疑問が湧いてきます。その「なぜ」の問いに答えるために主張を支える根拠をセットで準備しておく必要があります。

（2）「はい、A君が適任だと思ったからです」は、一見、理由を答えているように見えますが、実は何も内容のあることは言えていません。「なぜ、いいと思ったのか」という問いに対して、「適任だと思ったから」では、「いいと思ったから、いいと思った」とほぼ同義ということになります。

（3）「A君、いつも一生懸命がんばっているからです」で初めて、「がんばっているから」という理由が出てきました。ただ、これで納得できるかというと、話は別です。課長の言葉を借りれば、他の人と比べて「がんばり」に差があるとは言いにくいため、根拠としては弱いと判断されてしまっています。

（4）「A君は一番実績を出しています」でようやく、他者との比較という意味で、実績という視点が出されていますが、何の実績なのかをより具体化しないと十分な根拠にはなりえないという状況です。

このように、大切なことは、主張に対して根拠があること、そして、その根拠を聞いて、主張について「なるほど」と思えるかどうかです。

つまり、ロジカルであるということは、突き詰めていくと、「納得感のある根拠を主張に添えられるか」に集約されるのです。

▼ロジカルに100％は存在しない

では、納得感を持たせるには、どんな根拠がいいのでしょうか。いくつかのパターンを見ていきましょう。

〈パターン1〉
A君がいいと思います。
なぜならば、「実績が一番」「能力も優れている」「信頼も厚い」からです。

さて、さきほどは実績のみでしたが、「能力」と「信頼」という要素が加わってきました。「実績を具体化する」「能力を具体化する」「信頼もどう厚いのかを具体化する」余地は残っていますが、実績のみを根拠にしていたときよりも、能力と信頼という要素が増えることで納得感は厚みを増しているのではないでしょうか。

では、ここに、「やりたいという強い意欲を持っている」「係長も評価をしていた」とさらに2つの根拠が加わったとしましょう。

A君がいいと思います。

なぜならば、「実績が一番」「能力も優れている」「信頼も厚い」「本人も意欲がある」「係長も評価していた」からです。

根拠が3つから5つに増えることによって、納得感は増していると捉えることもできます。

では、根拠の数が増えれば納得感も増すのであれば、いくつまで増やせばいいのでしょうか。7つ、8つ、9つ……、どんどん増やしてもきりがありませんし、逆に、「で、どれが重要なんだ?」と言われかねません。

このことから見えてくるのは、挙げる根拠の数についてどこかで折り合いをつけるべき点があるということ、そして、いくら根拠を増やす努力をしたとしても100%はないということです。

同じようなパターンをもうひとつ見ておきましょう。

〈パターン2〉

A君がいいと思います。

なぜならば、「A君に似たBさんもうまくやれている」「A君に似たC君もうまくやれている」「A君に似たDさんもうまくやれている」からです。

Bさん一人では「一人だけだろ」と言われる可能性がありますので、根拠としてC君、Dさんの存在は必要になりますが、では、何人列挙すればいいのかとなるとパターン1と同じく、どこかで「これ以上数を増やしても納得感は上がらない」という着地点を見つけなければならないことになります。

では、ちょっと違ったパターンも見ておきましょう。

〈パターン3〉

A君がいいと思います。

なぜならば、「本人の成長にとっても意味がある」「組織の成長にとっても意味がある」からです。

もしくは、

〈パターン4〉

A君がいいと思います。

なぜならば、「短期的な効果として業績の改善が見込め」「中長期的な効果としてメンバーの成長が見込める」からです。

さて、パターン3とパターン4はどうでしょう。パターン3は、本人の成長と組織の成長という視点で、対象（個人と組織）それぞれにいいことがあるからという根拠づけを行なっています。パターン4は、それが短期と中長期という時間軸の視点になっています。

それぞれで、具体的にどのような成長や成果なのか、より根拠を具体化していく余地は残っていますが、対象軸や時間軸で根拠を並べるというのも、これはこれで納得感につながってきます。

では、パターン1〜4、どれが一番根拠として納得感が高いのでしょうか。

・要素出しをしたパターン1
・成功事例を複数提示したパターン2
・対象毎に考えたパターン3
・時間軸で整理したパターン4

残念ながら、一概にどれが最も納得感が高いという種類のものではありません。また、報告する相手によっても、パターン1を好む相手もいれば、パターン3が納得感が高いという相手もいるというように、実は反応はさまざまである可能性も否めません。

結局のところ、相手次第という個別論でもあり、よりよくしていくことはできても、どこまでならよいのかは相対論でしかありません。ゆえに100％の納得感を引き出すというのはそもそも難しいのです。もちろん、だからといって、根拠づけが不要というわけではなく、納得感を高める努力は必要です。そのときに重要なのは、完璧を目指しすぎないようにすることです。

2 根拠の強め方

▼どういう構造で根拠づけをしているのかを俯瞰しよう

先の例をもう一度見直しておきましょう。１００％の完璧さは目指さないとしても、自分がどのような構造で根拠づけようとしているのかについて、理解しておくことが大切です。

パターン１の場合は、要素出しをしている訳ですから、「重要な要素が漏れていないか」ということが根拠をチェックする視点として重要です。また、たとえば10個も要素を並べることは現実問題として難しいでしょう。そうなると根拠となりそうなもののうち、どれが重要かについて「しっかり上位から優先順位をつけること」が求められます。

成功事例を複数提示したパターン２の場合は、A君に似た誰かを例示としてもってきています。ここでは、「A君のどこと似ているのか」「A君にはない本人の資質がよかったからではないのか」「Bさんの活躍はたまたまなのではないか」といったことに配慮する必要があるでしょう。

対象毎に考えたパターン3は、「挙げている対象は、個人と組織で適切なのか」「今回の場合、個人と組織以外に挙げておくべき対象はないのか」「個人の中でさらに分ける余地はないか」「組織の中をさらに分ける余地はないか」などをチェックする必要があります。

時間軸で整理したパターン4も同様に「短期と中長期でよいのか」「短期とはどのくらいの期間をいうのか」「その期間の設定が妥当なのか」などが根拠をより精緻に考える際に求められます。

以上のように、どんな構造で根拠づけをしているのかを俯瞰していくと、根拠を強めるために何が必要なのかが見えてきます。

▼【根拠の強め方①】シンプルに直接的なデータを探す

ここでは、根拠をどのように強めていけばよいのかを考えてみることにしましょう。

練習の題材として「高齢化に伴い電子書籍の需要が高まる」という主張をどのように根

図表1－1

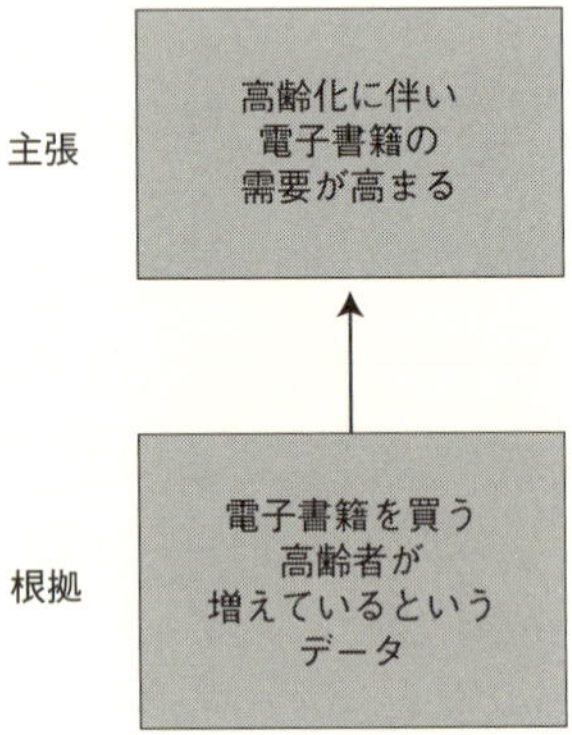

拠づければよいかを考えてみます。

まず、一番シンプルな考え方は、主張を支える直接的な事実を探してくること。今回の場合は、ある程度の高齢になると電子書籍の需要が（他世代よりも）高いというデータがあれば、それは強力な根拠になります（図表1－1）。

ただし、高齢化が進んでいるというデータと電子書籍の需要が高まっているというデータは、個別には存在するかもしれませんが、その両者の間に因果関係があることを示してくれる都合のいいデータがあるとは限りません。

となると次は、高齢者にとったアンケートのようなもので、これから電子書籍を使ってみたいという傾向が読みとれるようなものがあれば、これはこれで意識の面では主張を裏づける一つの根拠

図表1－2

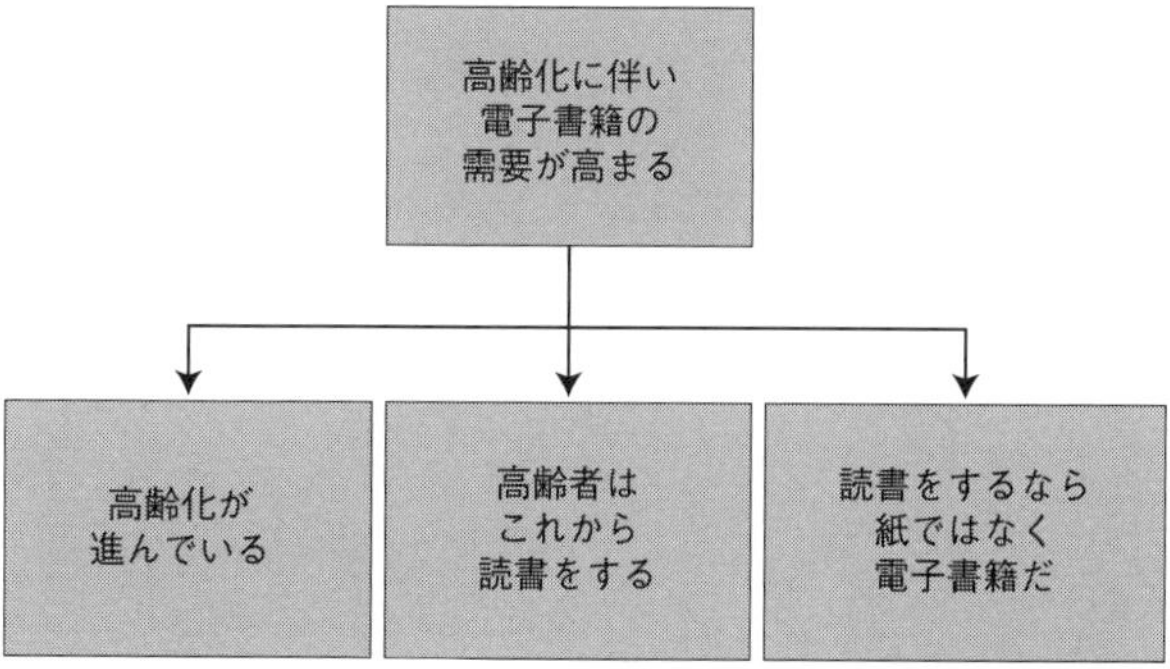

となりえます。ただ、これも存在するかはまた別です。

とはいえ、実際に見つけられるかどうかは別として、一番シンプルな方法として、主張を支える直接的なデータはないかを探してみるようにしましょう。

▼【根拠の強め方②】部分に分けて、小さな単位で考える

直接的なデータがなく、望む情報が得られない場合は、どうすればいいのでしょうか。

そんなときは、主張を部分に分けることを試みてみましょう。

主張である「高齢化に伴い電子書籍の需要が高まる」を丁寧に分けると、3つに分けることができます

（図表1－2）。

1. 高齢化が進んでいるということ
2. 高齢化に伴い、読書をしようとする人が増えるということ
3. 読書をするなら、紙ではなく、電子書籍であろうということ

このように分けることによって、一気に全部を根拠づける必要がなくなります。小さな単位で根拠づけがしやすくなるからです。事実、一つめの高齢化が進んでいるという根拠は、人口動態を示すことによって、比較的簡単にデータで根拠づけすることが可能になります。

▼【根拠の強め方③】他の可能性を否定する

ここでは、前項で主張を3つに分けたうち、「高齢化に伴い、読書をする人が増える」という部分について、さらに根拠づけていくことを考えてみましょう。

図表1－3

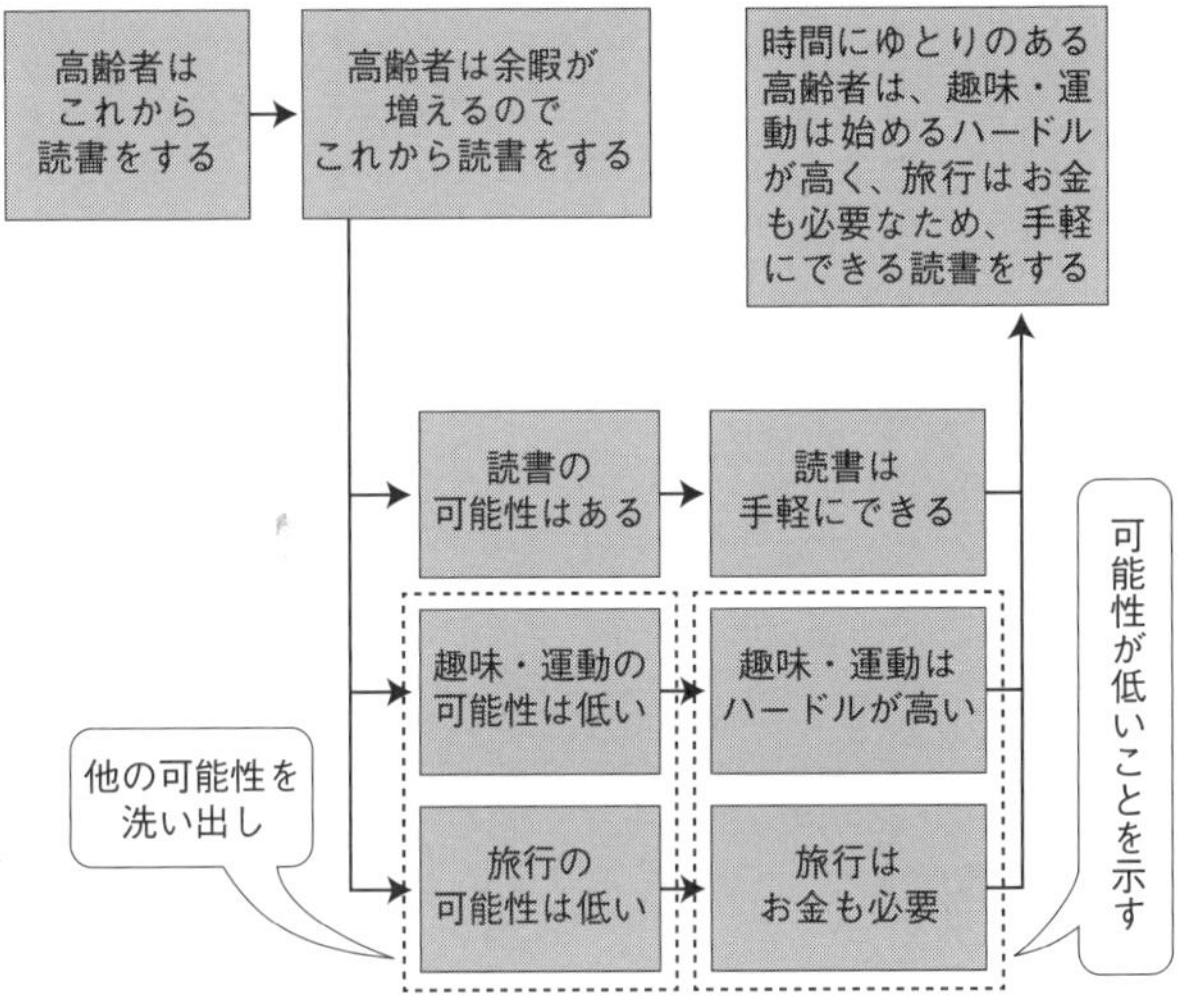

まずシンプルに、「高齢化に伴い読書をする人が増える」ことの根拠として、「余暇の時間が増えるから」ということが想定できます。

「高齢化に伴い、『余暇の時間が増えるので』、読書をする人が増える」

ただ、ここで、しっかりとチェックをする必要があります。「余暇の時間が増えるので」と言ったものの、増えた余暇の時間が読書に使われる保証はありません。増えた時間の使い方のひとつに読書があるかもしれませんが、余暇の時間が増えるので読書をする人が増えると言いきってしまうと、やや乱暴な印象になります。

そこで、このような場合は、「増えた時間を何に使う可能性があるか」を積極的に考え、そのうえで、読書が選ばれる、もしくは、読書が有力だというストーリーが組めれば、より納得感が高まります。

では、増えた時間は、読書以外に使われるとすれば何に向かうのでしょうか。高齢者ということも合わせて考えると、「旅行」、あるいは「趣味」「運動」といったところでしょうか。そこで、旅行ではなく読書である理由、趣味ではなく読書である理由が考えられれば、より納得感が高まります。

たとえば、旅行はそれなりにお金がかかること、また趣味や運動は、新たに始めるにはハードルが高いといったことが考えられます。

よって、「増えた時間は、旅行、趣味・運動、読書などに使われる可能性があるが、旅行はお金がかかる、趣味・運動は新たに始めるにはハードルが高い。その半面、読書は比較的手軽にできるので、高齢化に伴い、増えた余暇の時間は、読書に費やされる可能性が高い」と根拠づけをすることができます（図表1－3）。

▼【根拠の強め方④】複数の根拠を組み合わせる

では、最後のピースである「読書をするなら、紙ではなく、電子書籍であろう」を根拠づけていきましょう。ここで、求められるのは、「紙ではなく、電子書籍である」に理由をつけることですので、その理由をいろいろと洗い出してみることにしましょう。

たとえば、紙よりも気軽に入手できること。高齢者ということを考えると、本屋に買いに行くよりも気軽に買えますし、買える対象も本屋の物理的なスペースに制限されないという意味でもメリットがあるといえます。

また、これから高齢者になる人（リタイアする人）たちは程度の差はあれ、会社でデジタルの環境で仕事をしたことがある層ですので、そういったことも前向きな理由にできそうです。

さらに、「他者との接点」ということを考えると、孫とのふれあいを望む高齢者が多いのも事実であり、孫の世代はすでにデジタル化が進んでいるため、むしろデジタルを積極的に求めようとする高齢者が増えてくる可能性もあります。

図表1－4

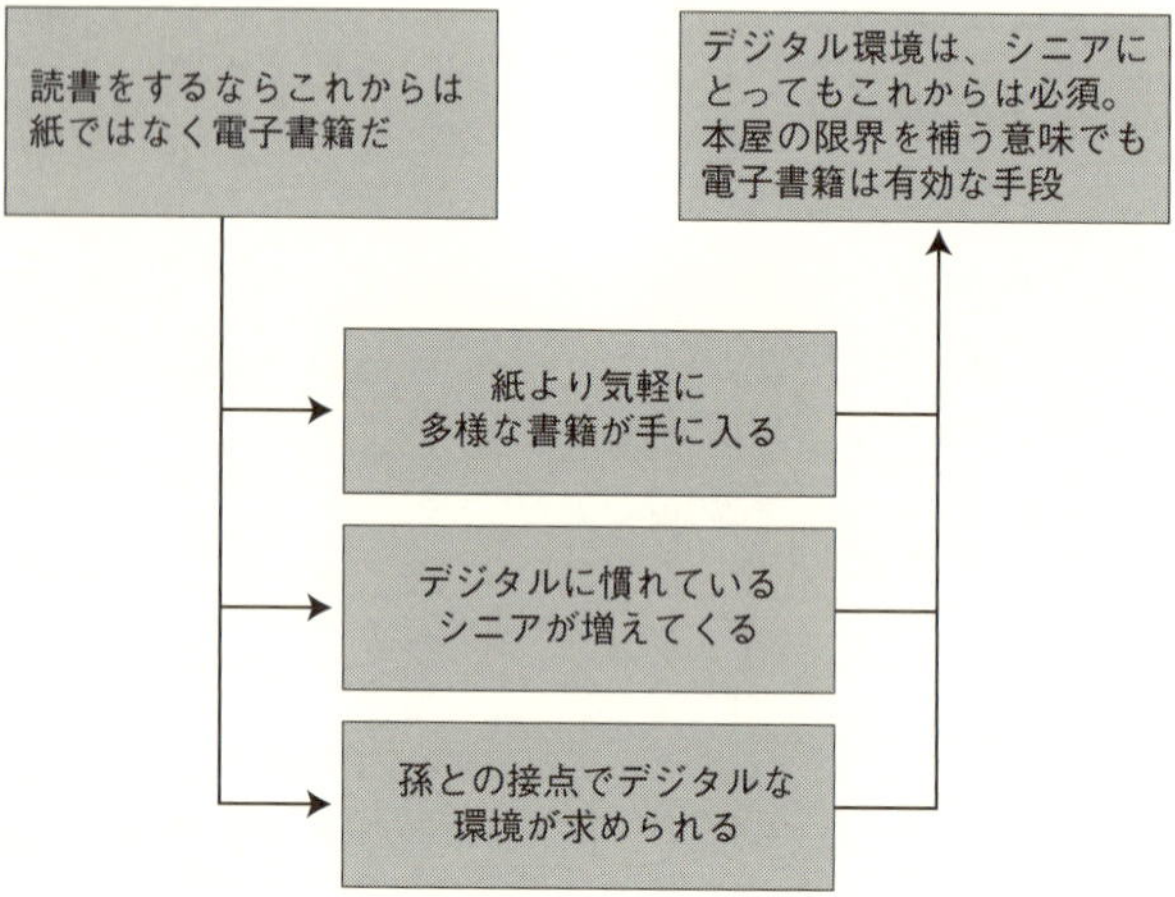

以上のような観点から「読書をするなら、紙ではなく、電子書籍であろう」という主張を、

・紙よりも気軽に、かつ多様なコンテンツを入手することができる
・デジタルに慣れているシニアが増えてくる
・孫との接点のため、むしろデジタルを求める高齢者が増える

という3つの根拠から支えることができます（図表1－4）。

▼「豊かな」根拠を心掛けよう

ここまでに「直接的なデータを示す」という方法、そして「部分に分解し、他の可能性を否定し、複数の根拠の組み合わせをつくる」というアプローチをとってみました。

それぞれを整理してみると、図表１－５のようにまとめることができます。

直接的なデータを探す方法もひとつではありますが、実は、２～４のようなアプローチを組み合わせるのも、納得感のある根拠づけという点では大いに有力な方法です。細かくみれば、少し無理やりに根拠づけた個所や他の根拠を考える必要があるのではないかという論点は残っていますが、単にデータを探しましたという根拠づけよりも、複数の視点から見た意味合いが盛り込まれ、より豊かな根拠になっているのではないでしょうか。

ここまでご紹介した方法は、根拠をより豊かにしていくアプローチとして有効ですので、ぜひ押さえておいてください。

図表1－5

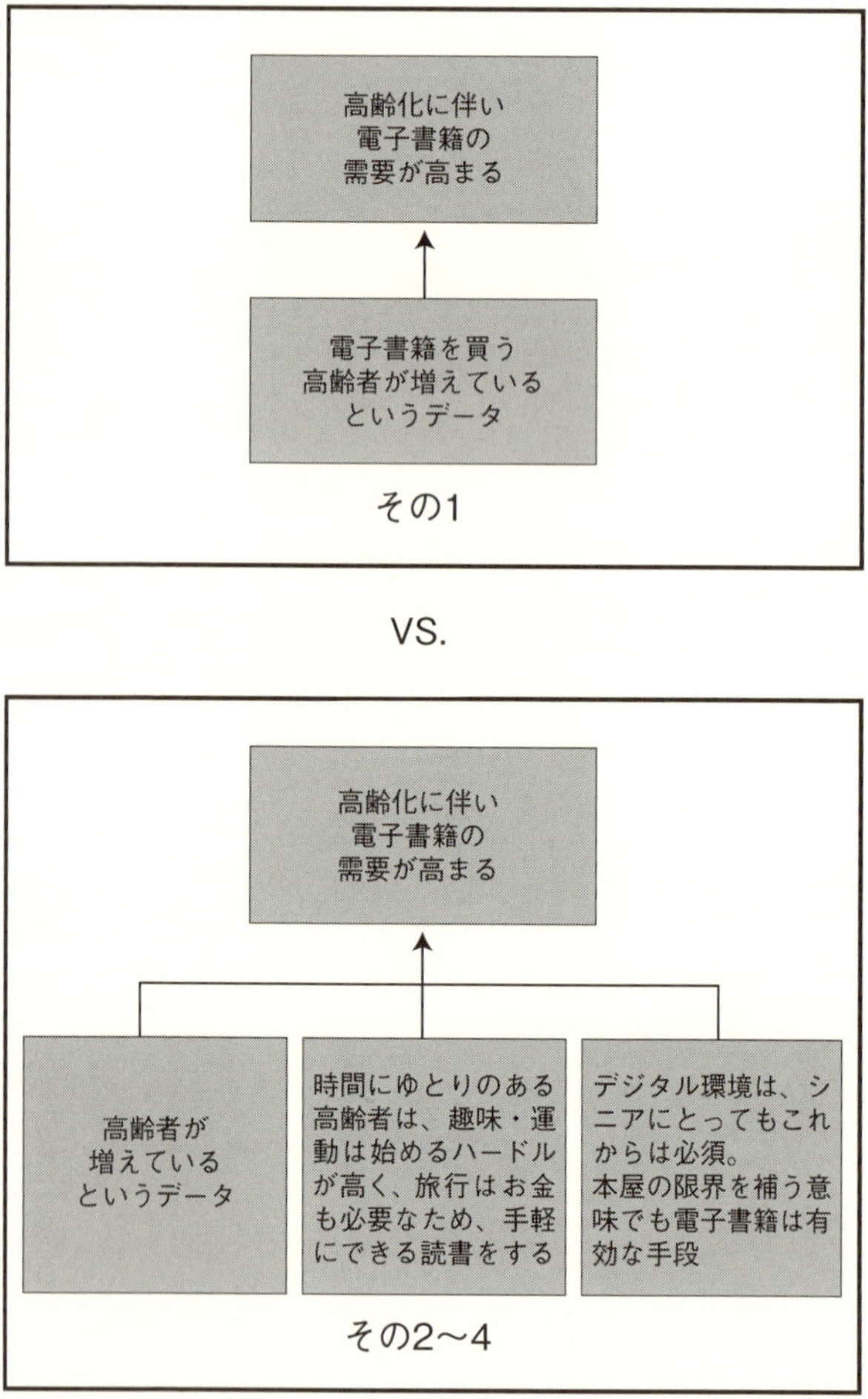
高齢化に伴い
電子書籍の
需要が高まる
電子書籍を買う
高齢者が増えている
というデータ
その1
VS.
高齢化に伴い
電子書籍の
需要が高まる
高齢者が
増えている
というデータ
時間にゆとりのある
高齢者は、趣味・運
動は始めるハードル
が高く、旅行はお金
も必要なため、手軽
にできる読書をする
デジタル環境は、シ
ニアにとってもこれ
からは必須。
本屋の限界を補う意
味でも電子書籍は有
効な手段
その2～4

3 組織のゴールは「合意」にあり

▼「なんとなく大丈夫だ」より「ここが弱いと認識できている」ことが大事

では、先ほどの2～4で考えた根拠づけを、さらに細かく見ていくことにしましょう。

その3では、「運動・旅行と比べると読書は手軽である」ことを根拠にしましたが、「時間のゆとりがある高齢者は、運動と旅行以外に時間を使う可能性はないのか」、また「読書は手軽と論を張っているが本当に読書は手軽なのか」については、まだ議論の余地があるかもしれません。

また、その4では「デジタル環境は紙よりも充実している」としていますが、デジタル化されている本は紙の本と比べるとまだまだ部分的であるはず、本当に充実しているといえるのか、さらには、デジタル環境に慣れているといっても電子書籍での読書となるとまた別途操作が必要になるのも事実で、シニアが本当に簡単に扱えるレベルのものなのかに

図表１－６

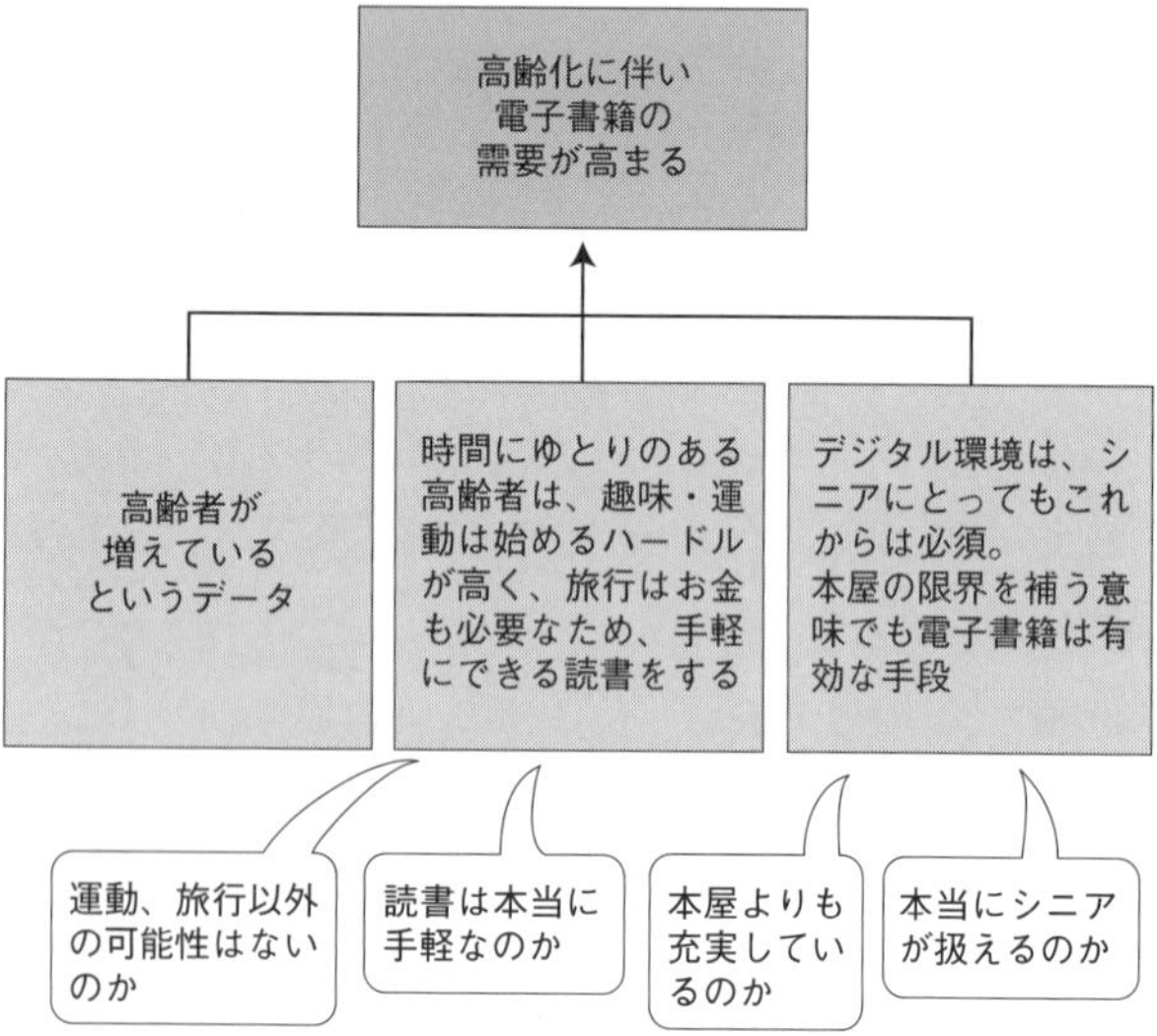

ついては、さらに調査が必要となりそうです（図表１－６）。

このように、根拠としてどこが弱いのか、さらに調査をしなければならない点がどこなのかを、自分自身でしっかり認識できていることに実は価値があります。多くのケースで見られるのは、「これで多分大丈夫だろう」と自分の根拠づけをしっかり確認しないまま、次のプロセスに進んだり、周囲とコミュニケーションをとったりしてしまうことです。

どこに根拠としての弱さがあるかが認識できているということは、補強の場所が理解できているということです。時間さえあればさらなる補強が可能になります。「なんとなく大丈夫だろう」より「どこに弱さがあるか認識できている」ことははるかに価値があるのです。

▼「正しい意見」ではなく、「正しく議論できること」にこだわる

ここまで見てきたように、１００％の根拠づけは難しいもの。であれば、「正しい」状態をつくることに労力を掛けすぎるのではなく、どこに「正しさ」に対する弱さがあるかをしっかり認識し、その弱さも含めて共有していくことが大切になってきます。

・ここは○○○な前提で結論を出しています
・本来は×××なデータまで調べられるといいのですが、そこまではまだ手が回っていません
・どうしても説明のつかない個所が残っています……など

大切なことは、組織としての合意ができることです。「弱さ」も含めて合意ができれば、物事は前に進みます。また、もし、何か想定外のことが発生しても、その「弱さ」も含めて共通理解があれば、組織として元に立ち戻ることができます。

また、一人で考えていても限界があるのも事実。自分が考えている根拠を簡潔に示すことによって、周りの人たちから知見をもらうこともできます。

ですから、自分が正しいということに一生懸命になるのではなく、正しく議論が始められることに一生懸命になりましょう。

4 何のための「ロジカル」か

▼ロジカルだけでは不十分だが、ロジカルでなければ始まらない

章を締めるにあたって、そもそも何のために「ロジカル」である必要があるのか、考え

ておきましょう。

「ロジカル」の話になると、

・ロジカルだけでは通じないよな
・理屈だけでは物事は動かないよな
・感情も大事だよな

といった、「ロジカルだけでは不十分」という声がよく聞こえてきます。

もちろん、「合理と情理」「論理と感情」など、「ロジカルではないこと」が必要という話を否定するつもりは全くありません。しかし、これらの声が得てして、「ロジカルでなくてもいいではないか」という逃げ道のように使われることに、問題意識を持つ必要があります。

論理だけでは動かないという状態は、論理的には問題がないけれど、感情的に受け容れられないから動かないということであって、論理は不要という話ではありません。人は基本的には頭で理屈を考える動物ですので、論理的に納得できないものを受け容れることにはそもそも抵抗があるものです。論理的でなければ、そもそも検討の俎上《そじょう》に載ることすらできない可能性があることを理解しておきましょう。

▼「よりよい成果に近づくこと」が目的

なぜロジカルであるといいのかを考える代わりに、ロジカルでない場合にどのような不都合が起こるかを考えてみましょう。ロジカルでないというのは、主張に対して納得感がある根拠がないということです。

まず、あなたの主張と根拠を聞いても、残念ながら多くの人はすぐには理解できません。理解をしてもらうために、さまざまな説明が必要となるでしょう。

また、場合によっては、聞いた人から、根拠が弱いと指摘を受けたり、こんな根拠を調べる必要があるのではとアドバイスをもらうかもしれません。いずれにせよ、あなたの不十分な根拠のために、それらを指摘したり、どう補強すればいいのか考えたりするために周りの人の時間を使ってしまうことになります。

ですので、どのような指摘を受けることになりそうかというところまで、自分自身でしっかり押さえ、補強できるところは補強して臨む、もし、補強ができなければ、一部甘い個所があるというところまで同時に示し、あら探しのための時間を周りの人に使わせることなく、ある一定レベルの状態から議論がスタートできるようにしましょう。

そして、周りの人と共有していく目的は、よりよい成果を生み出すためです。あなたが考えたものがそのまま承認されることも望ましいことではありますが、よりよい成果ということを考えると、あなたが考えたことをたたき台として、「さらによい考え」があなたの考えに乗っていくことが理想です。また、元来、他の人の頭を使うということは、自分にはなかった視点や発想が加わるということですので、よりよいモノになる可能性は十分あります。

であれば、あなたが考えていることを説明して、理解を得るための時間は極力短くできるように準備すること、あなたの考えてきたことに新たな考えが乗るような土台をしっかりとつくることに時間を使うように意識していきましょう。

第1章まとめ

- ロジカルとは、主張に納得感のある根拠が添えられること
- 100%の根拠はないが、根拠を豊かにする努力はすること
- ロジカルである目的は、よりよい成果のため。正しい意見よりも正しく議論できることにこだわろう

第2章

「分析」のセンスを磨く

1 「分析、評価、仮説、選択」という思考の流れ

▼基本の思考パターン

それでは、ここからは「はじめに」で挙げた「分析」「評価」「仮説」「選択」の4つの思考パターンを考えていくうえで、これらの関係性について整理しておきましょう。

まず、出発点は、分析となります。

1．まずは起こっていることを「分析」して、正確に読み解くことが必要です（例：売上が増えているという事象を分析して、商品Aの売上が増えているということを特定する）

2. 次に、その事象を「評価」し、よいことなのか、よくないことなのかを判断することになります
（商品Aの売上は、計画と比べて倍増なので、よいことだと評価する）

3. この評価を踏まえ、「仮説」を立てます
・見えてきた事象を起点に、なぜ起こっているのか原因を考える
（商品Aの売上増加の原因は、メディアで取り上げられたことだろう）
・原因を踏まえ、次に何が起こりそうなのかを予測する
（商品Bもメディアで取り上げられたので、売上が増えるだろう）

4. 仮説を踏まえ、何をするかの対策を選択する
（商品Bの売上増加に備え、販売体制を強化する）

以上を図で表すと、図表2-1、2-2のようになります。もちろん、一部が省略されたり、順番が入れ替わったりするケースもありますが、一連の流れの基本のパターンにな

図表２－１

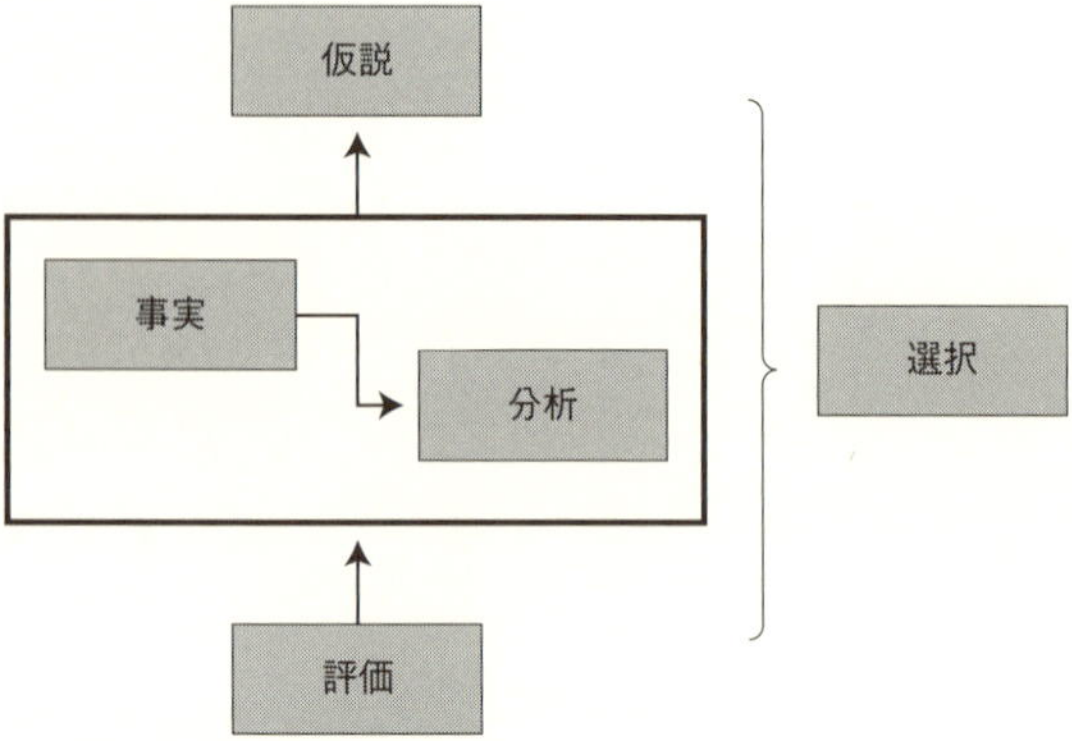
仮説
事実
分析
選択
評価

図表２－２

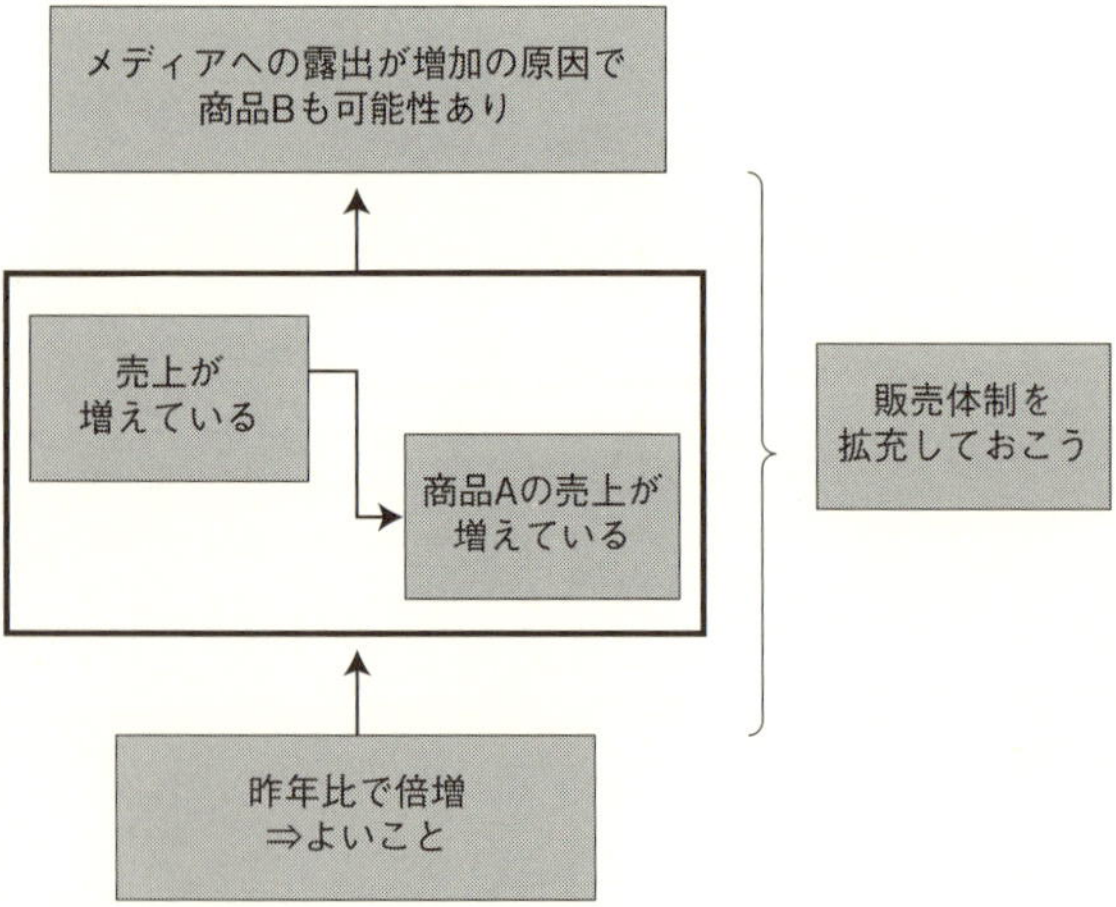
メディアへの露出が増加の原因で
商品Bも可能性あり
売上が
増えている
商品Aの売上が
増えている
販売体制を
拡充しておこう
昨年比で倍増
⇒よいこと

ります。

本章以降では、この関係性を踏まえ、「分析」「評価」「仮説」「選択」の順にそれぞれ詳しく見ていくことにしましょう。

2 分析するために「分解の型」を身につけよう

▼〈ストーリー〉その分析作業は何のため？

損害保険会社で企業向けの営業をしている竹下さん。年度の半分が過ぎましたが、新規の開拓が目標になかなか届きそうにありません。一度、分析をしようと、手元にある新規の顧客リストや既存顧客の売上、経年の売上データを見ながら、なんとなくエクセルでピボットを組んだりして、傾向がないかをひたすら試しています。

「うーん、なかなか傾向が見えてこないなぁ」

ふと見ると、新規開拓の目標が自分だけ1・5倍であることに気がつきました。

「なんで私だけ？　ひょっとすると経験年数と関係があるかもしれない」

そう考えて、営業メンバー10人の営業経験年数順に新規開拓の目標を並べてみると、経験年数が若いほど高い目標になっていました。

「なんで経験年数が若いほど高いのかな？」

竹下さんはさらに他に要因がないか調べてみようと考え、他の資料もあさり始めました。

分析を始めてから、すでに2時間が経過……。

「あーあ、今日も残業か……」

▼多くの人は「分解」をサボっている

「このデータ、ちょっと分析しておいて」と仕事を頼まれたことはないでしょうか。もしくは、「分析の結果、原因がわかりました」という報告を受けるような機会もあると思います。

ビジネスの中でよく使われる「分析」という言葉、そもそも何をすることなのでしょうか。

「分析」という字にヒントが隠されています。

まず、最初の文字である「分」は、訓読みにすると「わける」、分けていくことを表します。

では、「析」の字の意味は何でしょうか。「析」の字は、「木」偏と右側のつくりに分けることができるのですが、右側のつくりは、「斧」を略したものなのです。「木」を「斧」で切ると、木は小さく分けられていく、つまり、「析」も基本的には分けるという意味合いの字なのです。

したがって、分析という行為の本質は、「分けること」「分解」ということになります。

ちなみに、「わかる」は「分かる」とも書きます。つまり、わかるためには、分ける必要があるともいえますし、「分けない」とわからないともいえます。また、逆に、うまく分けられないのであれば、「わかった」とは言えないと捉えることもできます。

少し余談が過ぎましたが、「分析＝分解」は面倒なので、ついついサボってしまうというのが現実ではないでしょうか。

たとえば、こんなケース。自社のサービスに対して「最近、品質が下がっているような気がする」といった印象を持っていた状況で、たまたま、クレームが発生する。そうなると、「クレームの発生」は、自身が持っていた「サービスの品質が下がっている」という印象を裏づけるような事象になるわけですので、印象は確信に変わり、早速、サービス品質の低下を食い止めるための改善策を考えなければ……という方向に考えが進んでいきがちです。

一方で、よくよく調べてみると、サービスの品質低下は、一部の店舗だけで発生していることがわかり、さらにそれらの店舗は、最近エリアマネジャーが変わったばかりであったという事実も判明。何が起こっているかを確認してみると、新任のエリアマネジャーがそれまでのやり方とはちょっと違った方策を推し進めようとしたことで、店長・店員間の軋轢《あつれき》が生じ、その結果、店長・店員のモチベーションが低下し、それがサービスの品質を下げるという事象につながっていた。つまり問題は「サービスの品質低下」というよりはむしろ「新任のエリアマネジャー」にあった——。

もしくは、こんなケースです。最近、売上が好調なのでいいことだと思っていた。しかし、しっかり分けて見てみると、特定店舗の売上だけが伸びていて、他の店舗の売上は変わっていないことが判明。さらに調べてみると、売上が伸びている店舗では特売をしていて、売上は伸びているものの、実は利益ではその他の店舗と変わりなかった――。

このように、ビジネスシーンにおいては、「クレームの発生」「売上が好調」という状況からその場の印象で考えを進め、その先の分解をついついサボってしまい、間違った意味合いを付与してしまうことが往々にしてあります。

分析とは、印象を印象で済ませず、起こっていることを大きな塊のまま認識してとどめるのではなく、一歩進めて分解してみることであり、この一手間をかけられるかどうかが違いを生む、重要な一歩になるのです。

▼分解の対象は、「定量」と「定性」の2つ

では、分解の対象は何なのかについて考えておきましょう。

そもそも分解をするのは、分けて細かく丁寧に見てみないとよくわからないからなので、起点になる問題意識は、「よくわからない」になります。そして、「よくわからない」

の対象は何かといえば、多くの場合、そもそも何が起こっているのかがわからない、つまり、現在起こっていることそれ自体がよくわかっていないのです。

たとえば、売上が不振だという現状があれば、これについてどう売上が不振なのかをしっかりと押さえることが分析のスタートになります。同様に、採用人数が計画を下回っているといった状況があれば、どう採用人数が下回っているのかを分けて考えていくのです。

こうした場合、売上を分解する、採用人数を分解することになるのですが、これらはいずれも数値で表すことができます。数値で表すことができるということは、式で表す、つまり、足し算か、掛け算をベースにしたもので整理することができます。

そして分解の結果、「売上は特定の店舗でだけ不振である」「採用人数が下回っているのは、特定の事業部である」といった具合に、具体的に起こっていることが見えてきたとしましょう。

次に頭に浮かべるべき問いは「なぜか」ですが、ここでもまた「分解」の出番です。ただし、今度は、特定の店舗でだけ不振である理由、特定の事業部で採用人数が下回っている理由を考えなければなりません。「理由」というものは、なかなか数値では表せないものですが、分解は、「定性」的なものを対象にした場合でも必要な行為なのです。「定性」的なものを分解するためには、式に表すことはできませんので、要素に分解をしていくかプロセスに分解をしていくかの方法がよくとられます。

・定量（モノ）は、式ベース（足し算か掛け算）
・定性（コト）は、要素かプロセス

ざっくりと、こんな整理で捉えておくとよいでしょう。

▼【分解の種類①】足し算型分解＝切り口をたくさん持つ

ここでは、足し算型の分解を考えていきましょう。前月の売上が２７０万円、今月の売上が２４０万円になったとします。このマイナス30万円はどこから発生しているのか。簡単にするために、Ａ、Ｂ、Ｃの３店舗を有しており、取り扱っている商品はＸ、Ｙ、Ｚの３つと仮定しましょう。現在見えている風景は、図表２－３のようになります。

店舗別に見てみると（図表2－4）、AからC店舗、すべて90万円の売上が80万円にダウン。

一方商品ごとに見てみると（図表2－5）、商品Zのみが60万円にダウンしており、30万円の低下は、商品Zの不振によるものであろうということが分解によって見えてきます。

全体を大きく捉えただけでは、30万円の差がどこから発生しているのかわからなかった状態から、店舗別、商品別に「分けて」みた結果、30万円の差は、商品Zの落ち込みが問題のようだと、より詳しく事象が見えてきたのです（図表2－6）。

さて、この例では商品別でみた結果、傾向が見えてきましたが、分解をしても、際立《きわだ》った傾向が何も見えてこない可能性もあります。その場合は、さらに別の分け方、たとえば、月別や時間帯別に分けてみる、顧客別に分けてみるといった切り口で「分けてみる」ことが求められます。

したがって、分解において大切なことは、複数の「切り口」を持っておけるかどうか。

この切り口の候補を多く持っているほど、傾向が見えてくる可能性が高まり、その結果、状況がわかる可能性も高まってくるということになります。

図表2－3

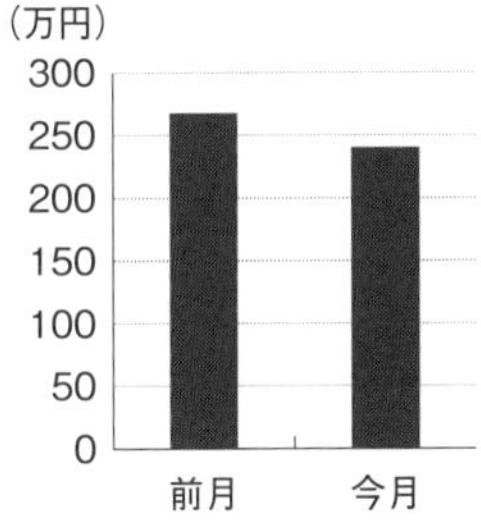

図表2－4

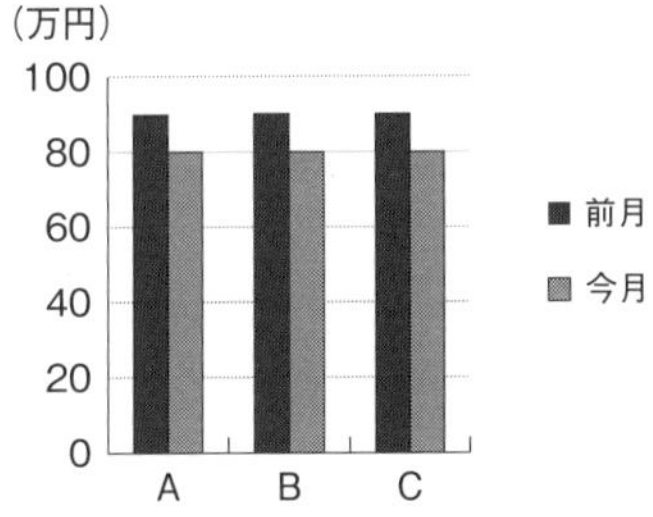

図表2－5

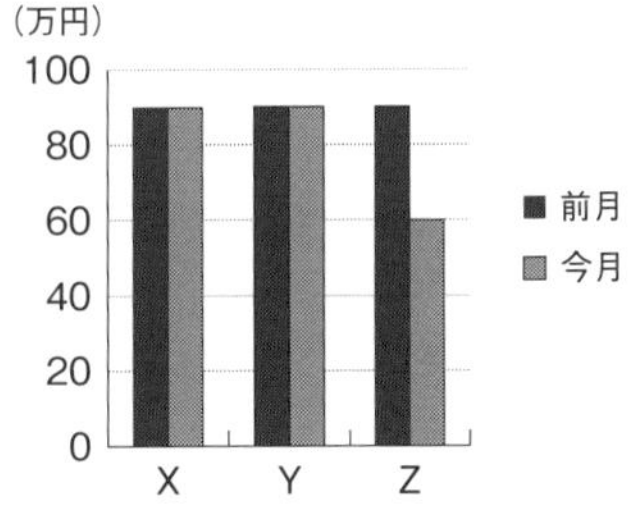

図表2－6

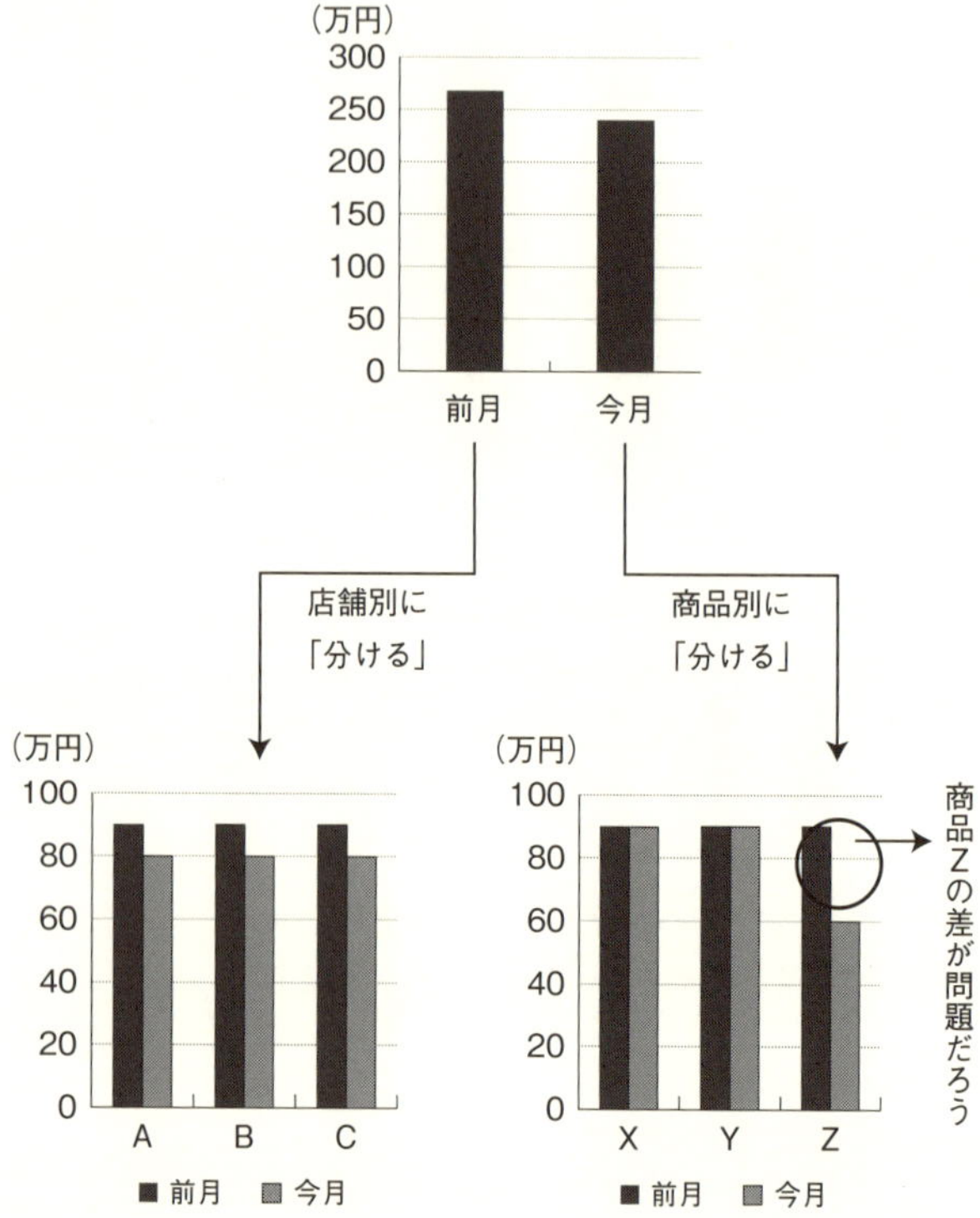

（万円）
300
250
200
150
100
50
0
前月
今月
店舗別に
「分ける」
商品別に
「分ける」
（万円）
100
80
60
40
20
0
A
B
C
前月
今月
（万円）
100
80
60
40
20
0
X
Y
Z
前月
今月
商品Zの差が問題だろう

▼「切り口」をどう分けるかも重要

足し算型で重要なことが、もうひとつあります。それは、切り口をどういう区分に分けるかという分け方の問題です。「性別」という切り口は、切り口を想定すれば同時に、「男女」という切り方が決まりますが、たとえば、年齢別のような切り口は、年齢をどう分けるかを考える必要があります。

たとえば、前月300人だった来店人数が、今月は400人となった場合はどうでしょうか（図表2－7）。

この100人の増加について年代別に分けて比較してみると、

・10代は、100人→150人
・20代は、100人→150人

図表2－7

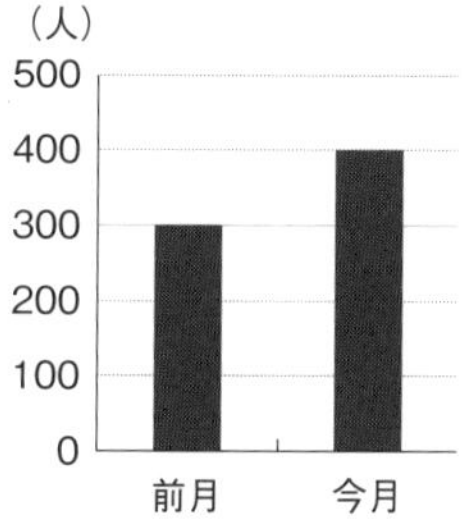

図表２－８

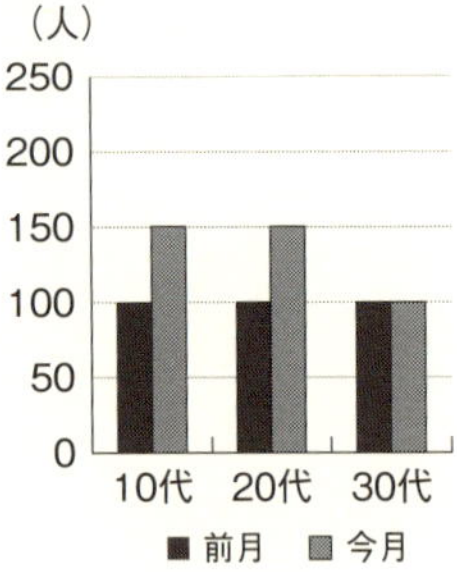

図表２－９

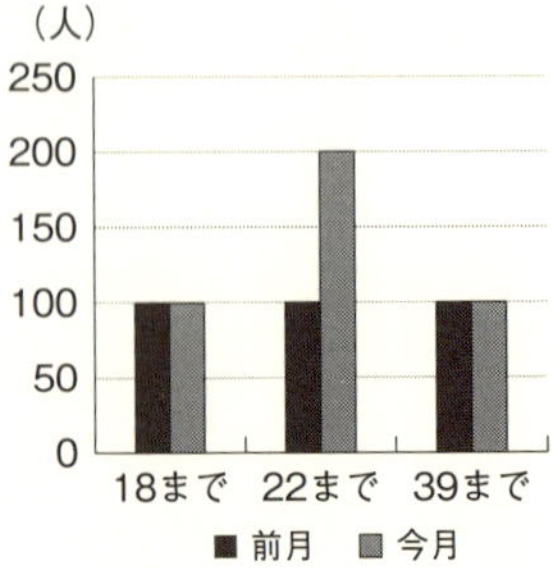

・30代は、１００人→１００人

となっており、10代、20代が増えているということがわかります（図表２－８）。

しかし、実は、「10代」「20代」「30代」という10歳ごとに分けてみたから上述のようになったにすぎず、年齢の区分けを「18歳まで」「22歳まで」「39歳まで」と、18歳、22歳、39歳で線を引いてみると、増えている１００人は全員が19歳から22歳であったということも考えられます（図表２－９）。

この場合、たとえば大学生が１００人増えていたと推測できます。この事象は、19歳から22歳をひとつのレンジにまとめれば見えてきますが、10代、20代と「10」の刻みで線を引くことによって、その傾向が分かれて見えなくなっていました（図表２－10）。

図表２－10

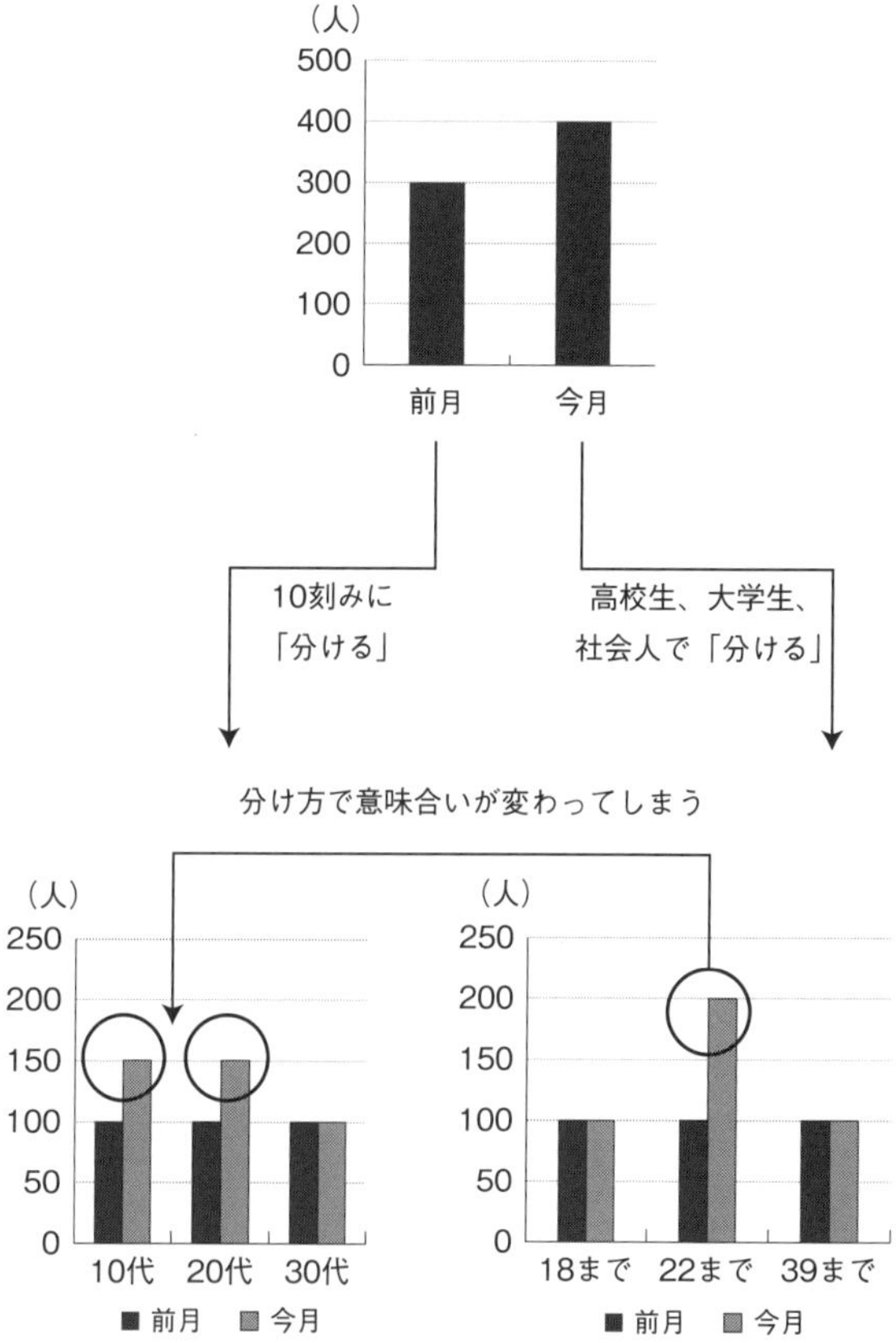
（人）
500
400
300
200
100
0
前月
今月
10刻みに
「分ける」
高校生、大学生、
社会人で「分ける」
分け方で意味合いが変わってしまう
（人）
250
200
150
100
50
0
10代
20代
30代
■ 前月　▩ 今月
（人）
250
200
150
100
50
0
18まで
22まで
39まで
■ 前月　▩ 今月

つまり、機械的に10代、20代というのもひとつの切り方ではありますが、どこに線を引くとよいのかを考えなければならないケースがあるということです。

▼ビッグデータ時代に求められる「分け方」のセンスとは？

先の例と異なり、足し上げる必要がある場合もあります。たとえば、「曜日別」といった切り口。曜日ごとの来店者数を比較した上のようなデータがあったとしましょう（図表2－11）。

月曜日～日曜日まで押しなべて増加しているように見受けられますが、これを、「月～金」の平日と「土・日」の週末にまとめて集計をしてみると、図表2－12のようになります。

さらに両者をグラフ化すると、図表2－13、14のようになり、前月からの伸びという点では、平日の伸びのほうが土日の伸びよりもより大きいという傾向を見てとることができます。

ここで留意しておきたいのは、たとえば、増加率では火曜日が最も大きいので、火曜日になぜ顧客が増えているのかを考えてみようというように、曜日ごとのデータが手元にあることで曜日ごとに考えてしまうケースが往々にしてあるということです（図表2－15）。「入手できたデータの最小単位」が、「傾向を見てとるための最も適した単位」とは必ずしも言えません。たとえば、年齢毎のデータを1歳刻みで特徴を見出すことにどこまで意味があるかを考えてもらえれば、明らかです。

図表2－11

（人）

	前月	今月	差分
月	50	60	10
火	50	70	20
水	100	120	20
木	70	80	10
金	120	140	20
土	300	320	20
日	400	410	10

図表2－12

（人）

	前月	今月	差分
平日	390	470	80
土日	700	730	30

　分析は行為としては、「分ける」ことと述べましたが、目的は「わかる」こと。どういう単位・まとまりで分ければいいのかについても、センスが必要となります。

　スマートフォンの普及に伴い、いつどこにいたかという行動データがGPSを通じて逐一トラッキングされるような状況だったり、ウエアラブルのセ

図表２－13

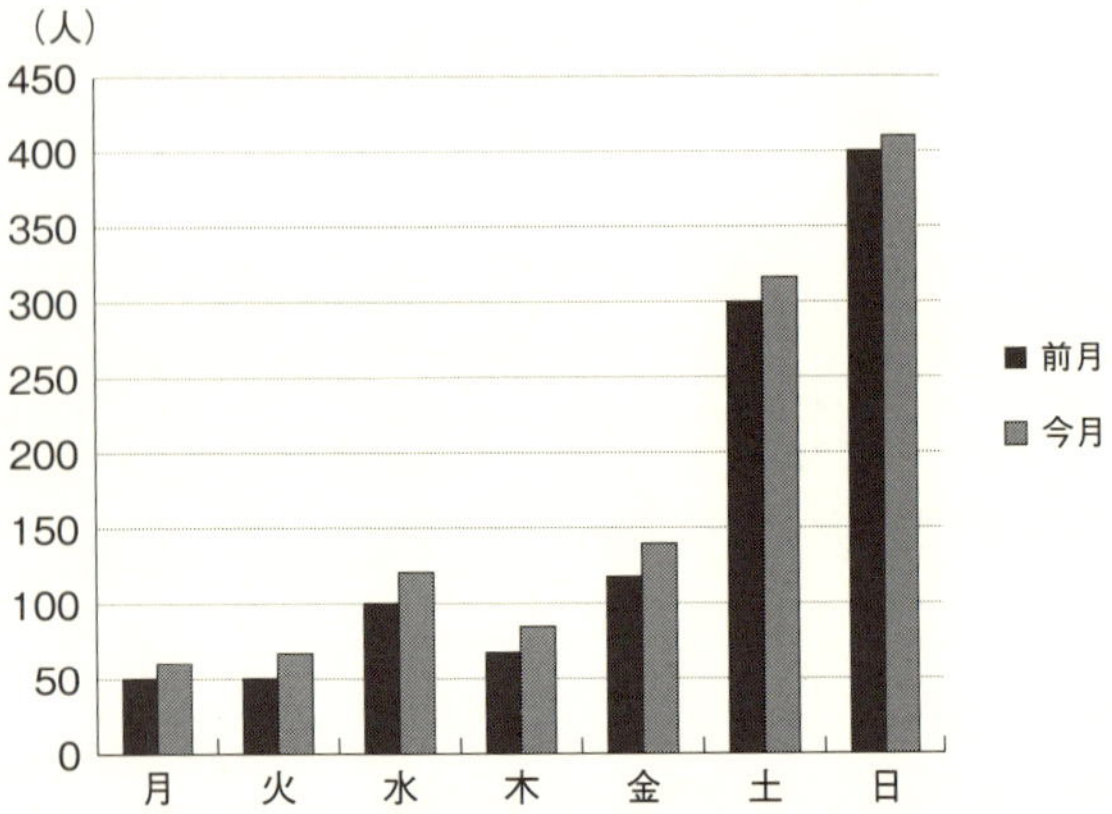
（人）
450
400
350
300
250
200
150
100
50
0
月
火
水
木
金
土
日
前月
今月

図表２－14

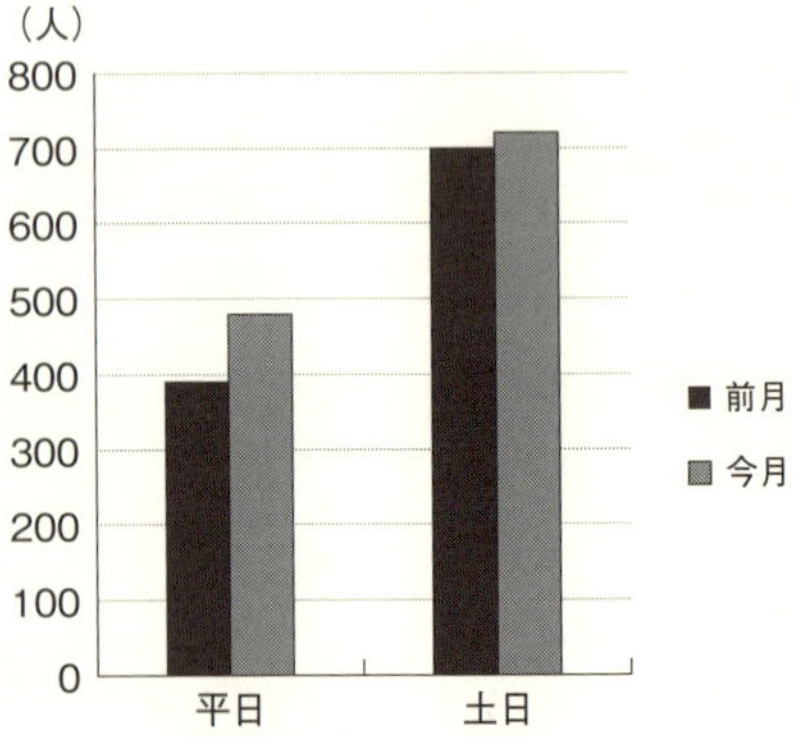
（人）
800
700
600
500
400
300
200
100
0
平日
土日
前月
今月

図表2－15

（人）

	前月	今月	差分	増加率
月	50	60	10	120%
火	50	70	20	140%
水	100	120	20	120%
木	70	80	10	114%
金	120	140	20	117%
土	300	320	20	107%
日	400	410	10	103%

ンサなどの普及に伴い、脈拍数や体温などが秒単位で常時モニタリングできるような環境になってきたりということを考えると、今後はどの単位でまとめてみるかという「まとめ方」も、分解に求められるスキルとしてますます必要になってくるでしょう。

▼正解のない世界に必要な「2つの武器」

「分ける」という行為を行なう際、頭の中で、「この切り口で切ると傾向が見えるのではないか」「こんな風に分けると傾向が見えるのではないか（切り方）」の2つの仮説をもって、データを見ていくことが求められます。

ここで、先の例にもう一度戻っておきましょう。

まず、図表2－10ですが、18と22で区切りを設定したため、傾向がよりクリアに見えてきましたが、10代、20代が増えているという捉え方も間違いではありません。つまり、「分ける」行為について、切ってみなければわからないということと、それが正解かどうかは、誰も答えてくれないという状況にあることを忘れてはいけないのです。

また、図表2－6についても商品別で分けてみた結果、傾向が見えましたが、時間帯別で見てみると、実は午前中の売上が下がっているという傾向「も」見えてくるかもしれません。商品ごとで傾向が見えたと判断し、そこで手を止めてしまうと、時間帯別での傾向には気がつかない可能性があることも忘れないようにしておきましょう。

そうなると必要なことは、

1．傾向が少なくともひとつ読みとれるまで、分解の手を止めないこと
2．傾向が見えたらその傾向に対して、定性的な解釈が成り立つかを考えること
3．そのうえで、傾向が見えそうな他の分解はないかを考えてみること

分解する際は、この3つを常に頭の中に置いておくようにしましょう。

再掲 図表2－10

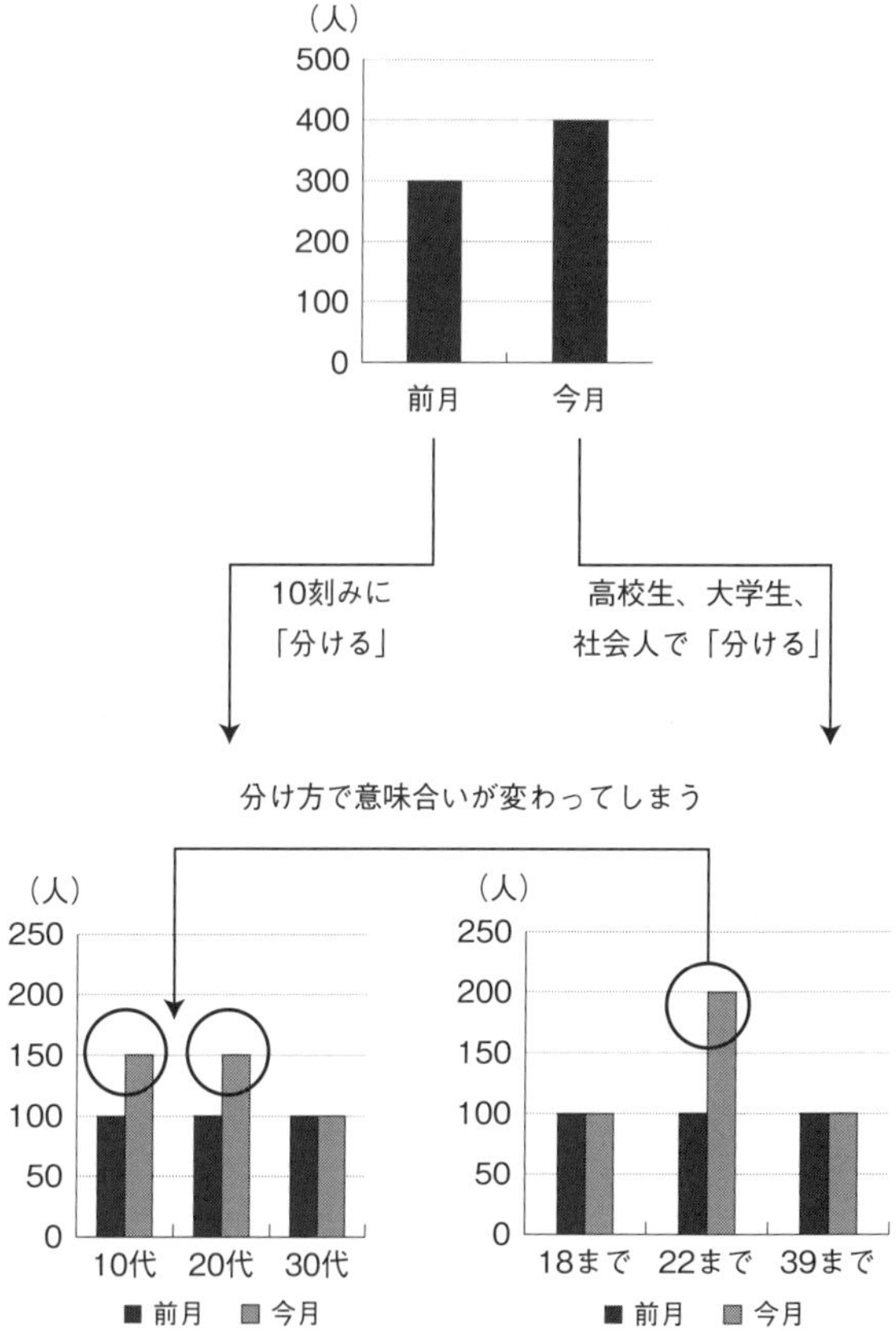
（人）
500
400
300
200
100
0
前月
今月
10刻みに
「分ける」
高校生、大学生、
社会人で「分ける」
分け方で意味合いが変わってしまう
（人）
250
200
150
100
50
0
10代
20代
30代
■ 前月 ■ 今月
（人）
250
200
150
100
50
0
18まで
22まで
39まで
■ 前月 ■ 今月

再掲　図表2－6

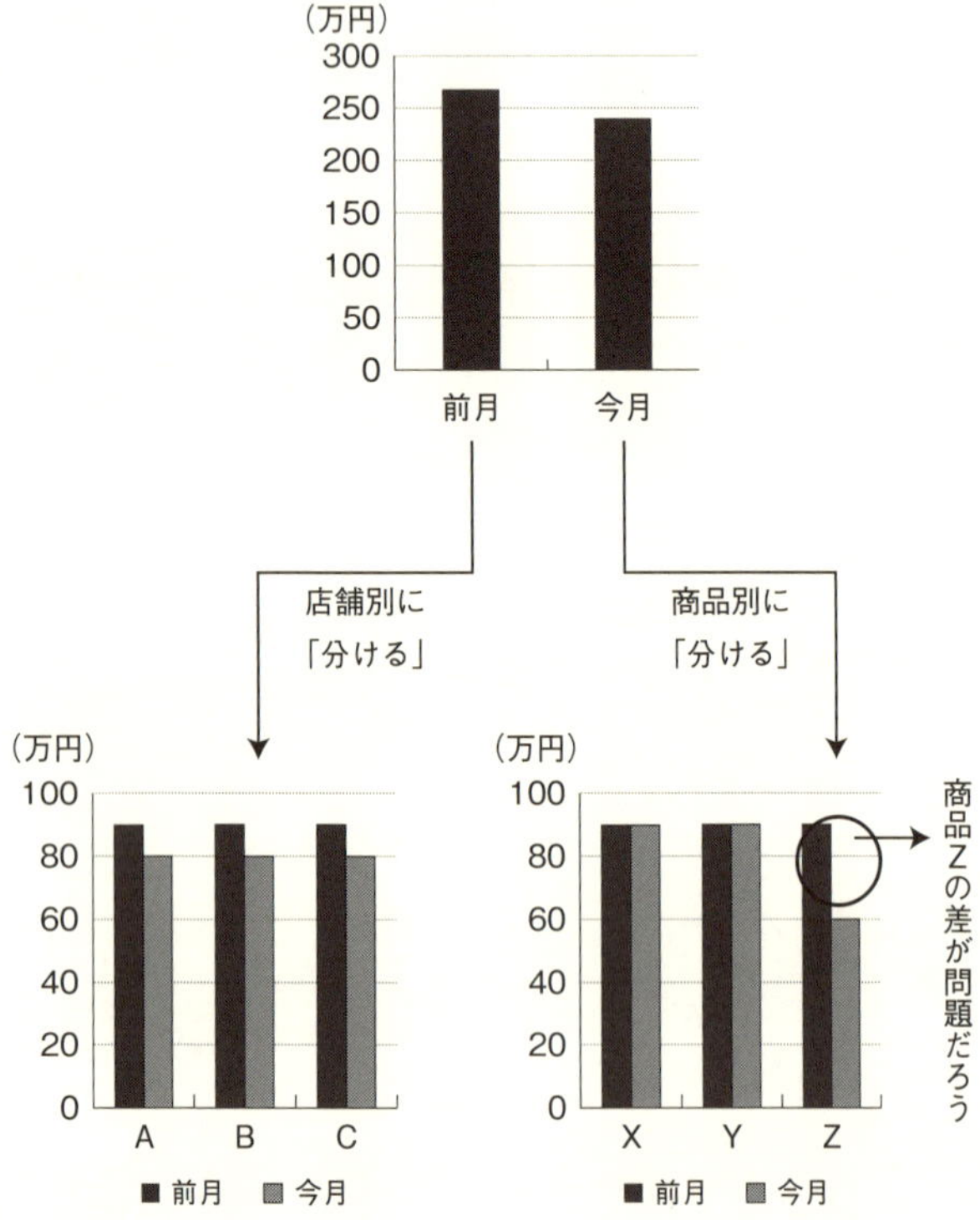

（万円）
300
250
200
150
100
50
0
前月
今月
店舗別に
「分ける」
商品別に
「分ける」
（万円）
100
80
60
40
20
0
A
B
C
■ 前月　■ 今月
（万円）
100
80
60
40
20
0
X
Y
Z
■ 前月　■ 今月
商品Zの差が問題だろう

▼【分解の種類②】掛け算型分解は「絶対」と「相対」で考える

さて、これまでは足し算型を見てきましたが、掛け算型も考えておきましょう。代表例として売上を「単価×数量」に分解をすることが挙げられます。「単価×数量」だと2次元、面の概念になりますが、ここに、頻度を加え、「単価×数量×頻度」の3次元で考えられないかという視点を持つとさらによいでしょう。

売上の他に、たとえば、コーヒーの年間消費量（全国での総杯数）のような絶対量を分解する場合には、

（一人一日当たりの杯数）×（コーヒーを飲む人数）×（コーヒーを飲む日数）

という形で3次元で表すことができます。

つまり、絶対量を分解する場合、次のように分解することが可能となりますので、覚えておいてください（図表2-16）。

（最小単位＝単価や一人当たり）×（N数＝個数、人数）
×頻度

もうひとつが、相対視点による分解です。相対視点の例としては、次の3つを持っておくとよいでしょう。

A　シェア（全体と部分）
B　フロー（プロセス）
C　トレンド（時系列）

図表2－16

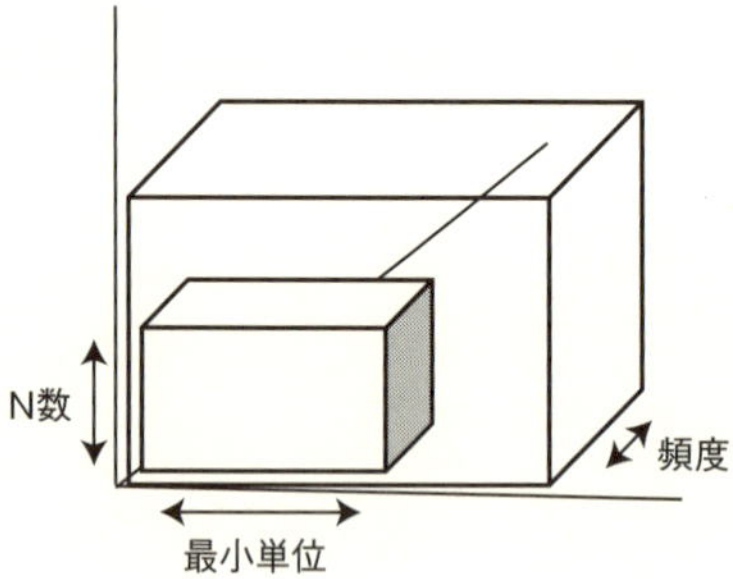

A　シェア（全体と部分）

シェアについては、なじみが深い方も多いと思います。これは各要素が全体に対してどの程度の割合を占めているかという値で、割合が大きい要素は、全体に与える影響が大きいということになります（図表2－17）。どの要素が全体に対して影響を及ぼしているの

図表２−17

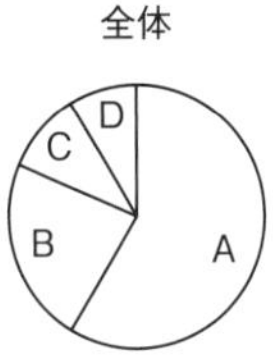

図表２−18

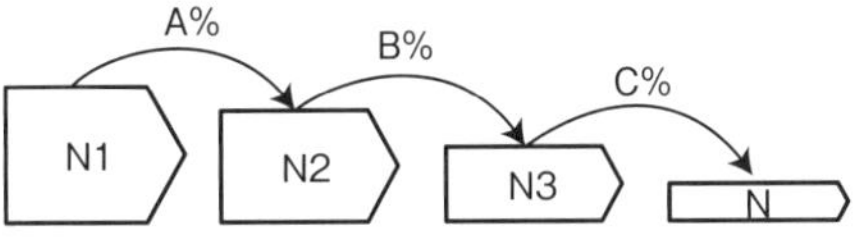

N＝N1×A%×B%×C%

か、インパクトを判断する際の視点となります。

B　フロー（プロセス）

フローは、最初の状態から最後の状態までの流れの中で、どのような変化をたどるかに着目したものです。たとえば、採用人数を分解するために、応募数、面談者数、合格者数というように、より上位のプロセスに遡り、どのような推移で最終的な現在の状況が達成されているかを見ていく視点です（図表２−18）。

C　トレンド（時系列）

時系列は、シェアと同じく、ビジネスパーソンにとってなじみのある考え方だと思います。実際に当てはめて考えるとき、今ここから新たに始めるというケース以外は、必ず「過去の経緯」があるはずですので、多くのケースにおいて分解に適用できる視点です。前年と比べて、増えているのか減っているのか、現状が変化してきて

図表２－19

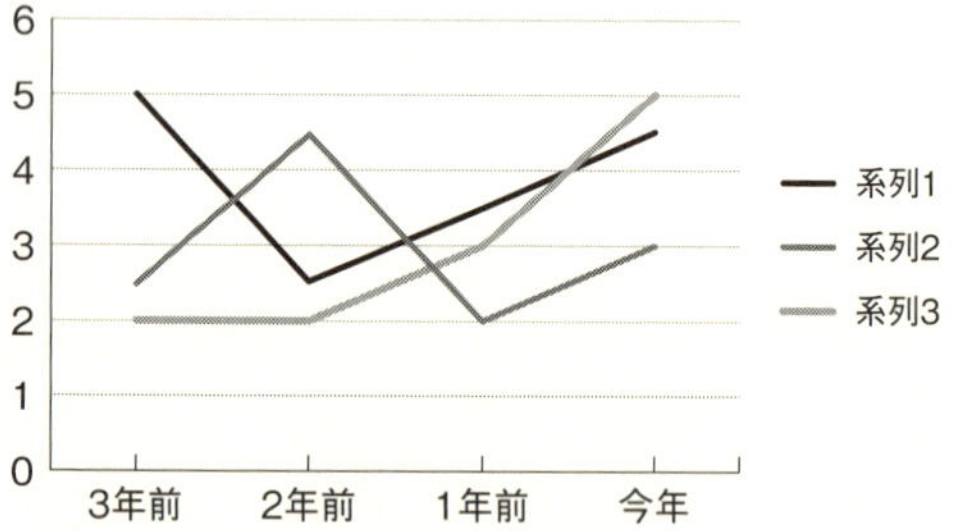

いると捉えるのか否か、さらにはその変化は将来どのようになるのか（続くのか、続かないのか）などの示唆《しさ》をもたらしてくれます（図表２－19）。

※参考　分解全体像（図表２－20）

▼【分解の種類③】
定性は「要素」か「プロセス」で考える

ここでは、「定量的に分けにくいもの」の分解についても考えておきましょう（コトの分解）。

たとえば、社員のモチベーションはなぜ下がっているのか、その原因を分解してみることにしましょう。まずは、本人の問題なのか、環境の問題なのか、に大きく分けてみます。

さらには、本人の問題だとすると、「能力の問題なの

図表２－20

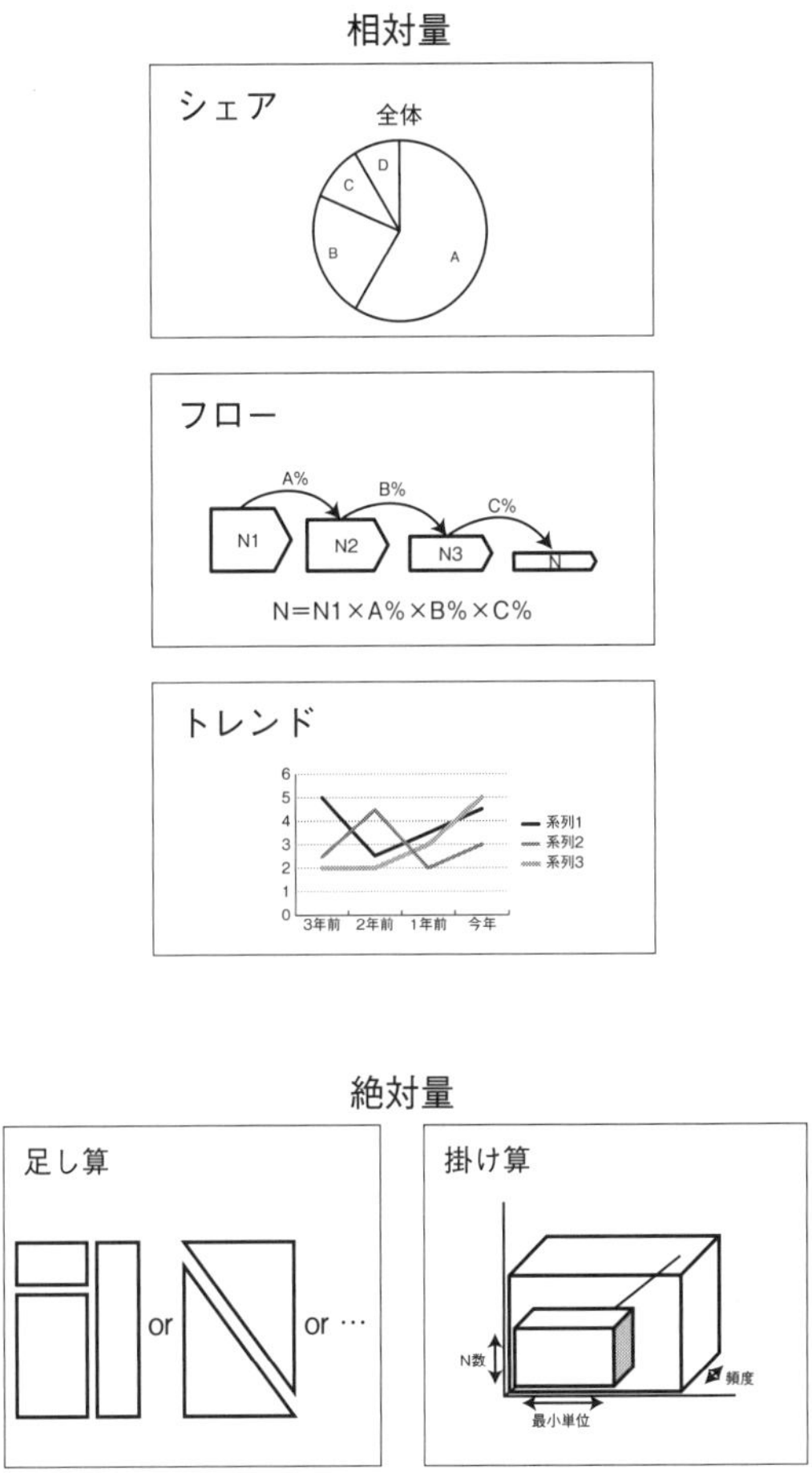
相対量
シェア
全体
D
C
B
A
フロー
A%
B%
C%
N1
N2
N3
N
N＝N1×A%×B%×C%
トレンド
6
5
4
3
2
1
0
3年前
2年前
1年前
今年
系列1
系列2
系列3
絶対量
足し算
or
or …
掛け算
N数
頻度
最小単位

図表２－21

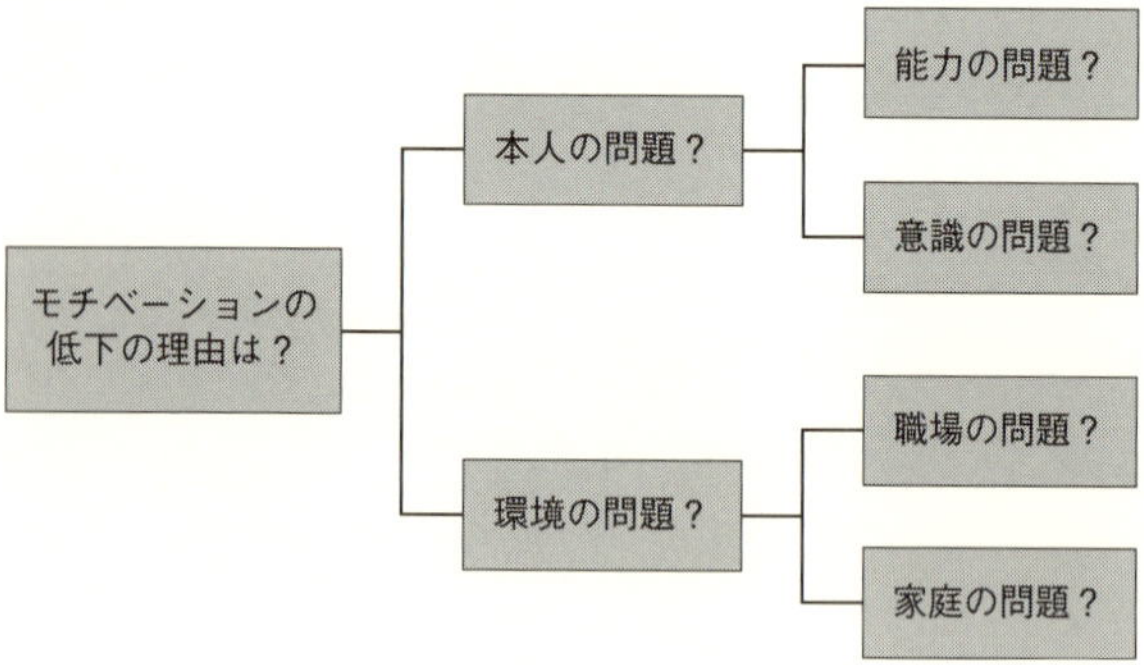

か」「意識の問題なのか」、環境の問題だとすると、「職場なのか」「家庭なのか」といった具合に、大きな概念で全体を押さえつつ分けていきます（図表2－21）。

そして、ある程度、分解ができた段階で、たとえば、本人に問題がありかつ能力の問題だと絞れたら、さらに、

・能力が足りないから（現在）モチベーションが下がっているのかもしれない
・能力の向上が見込めないから（未来）モチベーションが下がっているのかもしれない

といった具合に分解していきます。

いわゆる「ロジックツリー」と呼ばれるもので、

図表2－22

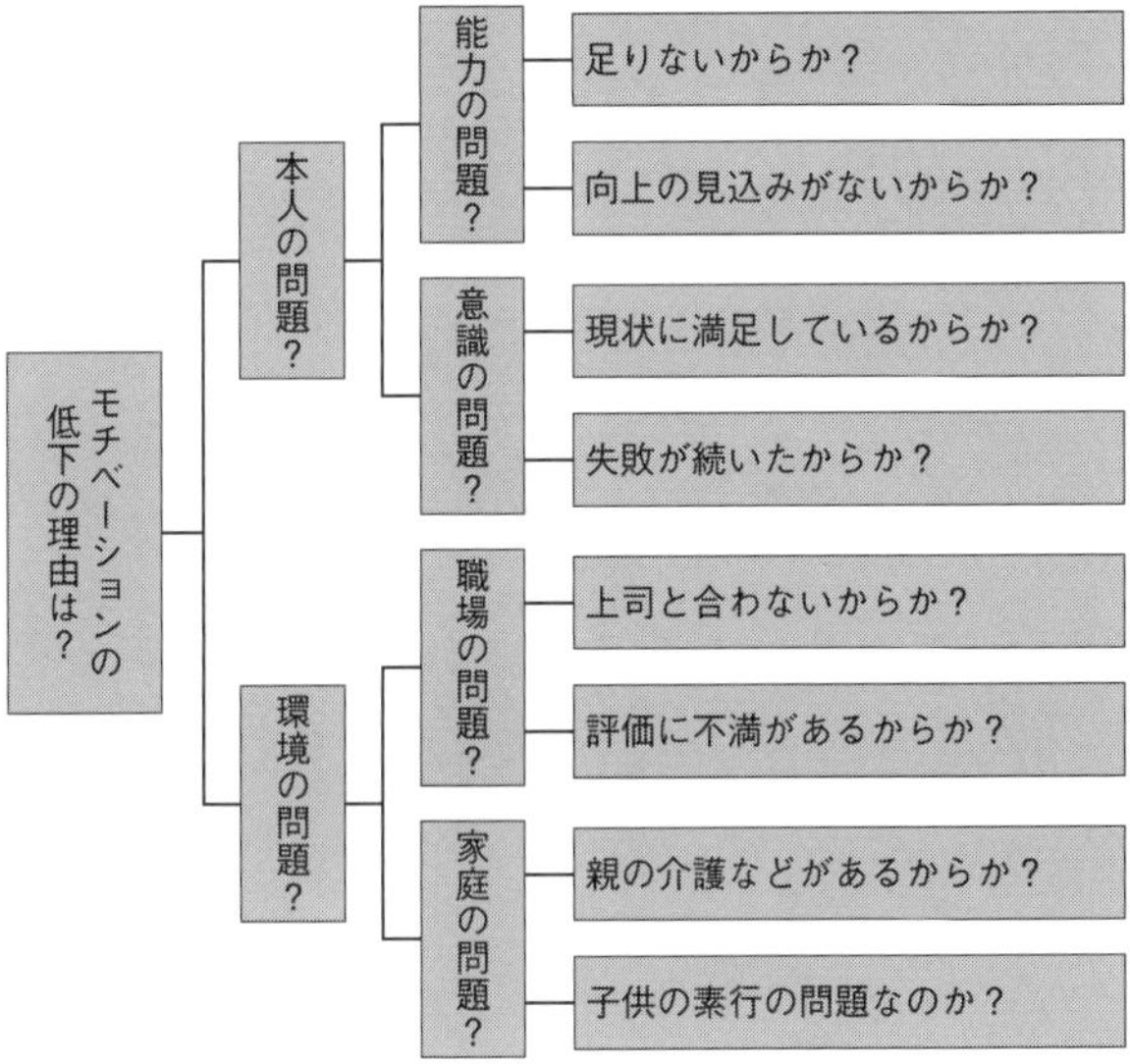

「漏れなくダブりなく」を意識しながら分けていくという発想です。ここでは、厳密に漏れていないかダブっていないかについては考慮していませんが、「原因」といった定性的なものを分解していくやり方です（図表2－22）。

もうひとつのやり方が、プロセスを追って考えるというものです。

たとえば、ニーズに合った製品ができない理由を考えてみましょう。

そもそもニーズを判断するのに

図表2－23

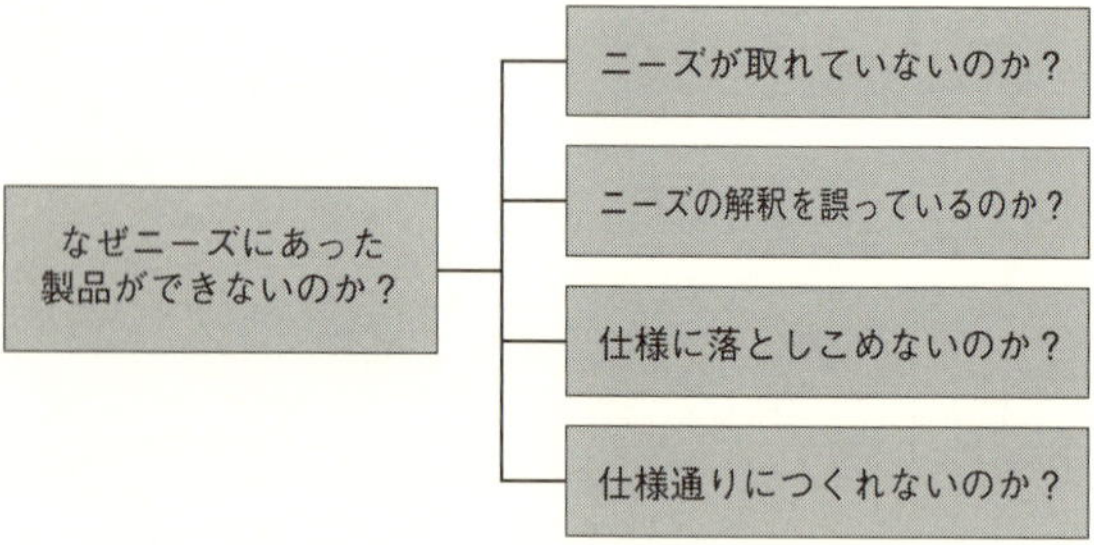

図表2－24

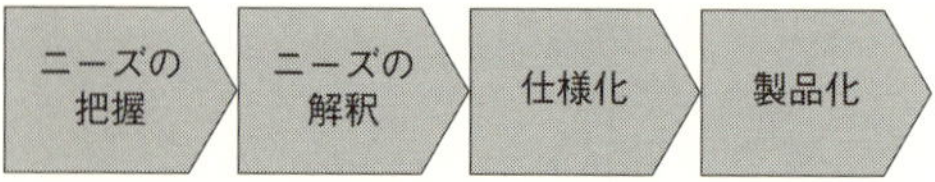

必要な情報を取れていないのか、そして、そうした情報を取れているとしたら、ニーズの解釈を誤っているのか、ニーズの解釈は正しいのだけれど、製品の仕様に落とすことができないのか、仕様に落とすことができたとしても仕様通りに仕上げられないのかといった形で理由を分解していくというやり方があります（図表2－23）。

　これはニーズから製品化までの工程を分解し、その工程ごとに問題があるのかという視点で考えるアプローチです（図表2－24）。

　このように定性的な情報であっても、要素ごとに分けてみる、プロセスを追って分けてみるといったやり方で分解をしていくことができます。

3 「分析」するときはここに注意！

▼〈ストーリー〉3年目社員が辞めていく理由

「3年目の田中さんが退職するらしいよ。もっと専門性を高めたいというのが理由らしいけれど、近頃よく3年目が辞めていくね」

ある大手機械メーカーでは、離職率がなかなか下がらないことが問題となっていました。人事部では、離職率低下の対策が求められています。

入社7年目の榎本さんは、先日の同期との飲み会で「辞めていく社員は、キャリアのことを考えて退職を決意したケースが多いらしい」という話を聞いていたので、仮説として、「入社3年目の社員は、キャリアへの不安が理由で退職する可能性が高いため、キャリア研修を実施してはどうか」と考えました。

しかし、複数の直属の上司にメールや電話で離職の理由をヒアリングしたところ、必ずしもキャリアが理由というばかりでもなく、勤務地が希望と合わない、実績が出ておらず能力が低いという声も多く上がりました。

「キャリア教育で何とかなるかなと思ったけれど、勤務地を考慮したり、能力向上の研修を実施する必要があるな」

そう考えた榎本さんはキャリア研修とロジカル・シンキング研修の実施と、勤務地のヒアリングを上司に提案しました。

上司「3つ施策を提案する理由は上司のコメントだけなんだよね。少し心もとないなあ。他に理由はないの？」

榎本「本来であれば退職者全員にインタビューできればいいのですが、全員は難しいので、上司の声を拾いました」

上司「少なくてもいいから退職者にインタビューしてみてよ」

榎本「わかりました。今月退職予定の数名にはインタビューしてみます」

上司「それからもともとは入社３年目とあったけれど、３年目に限らずこの研修をしたらいいってこと？」
榎本「はい。３年目に限らずこの３つの理由で退職しているようです」
上司「３年目社員の離職率が高いのは事実なんだよね。だとするとその原因は結局わからずということか……」
榎本「そうなりますね……」

後日、退職者へのインタビューを実施したところ、なんと全員が「上司との人間関係がうまくいっていなかった」という理由を挙げてきました。

「上司にしたら自分が理由とは言いづらいだろうし、認めたくないだろうな。この理由が漏れていたんだな……」

榎本さんは、もう一度施策の練り直しを迫られることになりました。

▼事象を特定するためには、「それ以外」の事象を比較することが大切

さて、ここで「何のために分解をしているのか」ということにもう一度立ち返ってみましょう。

全体をなんとなく眺めていたのではわからなかった様子がわかるようになること、言い換えると、ある範囲において、特徴的な傾向を見出すために分けるということをしてきました。

ところが、単に特徴的な傾向が「見えてきた」だけでは十分ではありません。その傾向は「本当に存在するといえるのか」を特定するには、もう一手間が必要なのです。

たとえば、アイスの消費量が減っていることを分析していく際に、アイスを氷菓タイプと乳製品タイプに分け、かつ、大人と子供に分けて考えてみた際に、氷菓タイプを好む子供が減っているのだろうと仮説を立て、3年前と比べ減っているということが確認できたとしましょう。

しかし、仮に氷菓タイプが好きな大人の割合も、70％（3年前）から50％（現在）に減

図表2－25

	3年前	現在
氷菓タイプが好きな子供の割合	50%	30%

↓

	3年前	現在
氷菓タイプが好きな子供の割合	50%	30%
氷菓タイプが好きな大人の割合	70%	50%

少しているのであれば、見え方は変わってきます。なぜなら、子供・大人にかかわらず、氷菓タイプが好きな人が減っているということになるからです（図表2－25）。

つまり、氷菓タイプが好きな「子供が」減っているというためには、大人は減っていないという条件を満たす必要があるということです。

加えて、乳製品タイプのアイスを調べてみたところ、好きな子供の割合が60％（3年前）から40％（現在）に減っているという傾向があったとすると、アイスクリーム自体に対する関心が下がってきているということが、より正しい認識といえるかもしれません。

このように、あることを特定しようとすると、比較において、それ以外の個所ではそれは起こっていないということをいう必要があります。

図表２−26

	氷菓タイプ	乳製品タイプ
子供	減少	減少していない
大人	減少していない	減少していない

図表２−27

	日光あり	日陰
葉緑素あり	でんぷんができる	でんぷんはできない
葉緑素なし（アルコールに浸す）	でんぷんはできない	でんぷんはできない

つまり、氷菓タイプが好きな子供が減少していることだけでなく、それ以外の個所がそうではないということが押さえられて、はじめて特定できたということになります（図表2−26）。

「なかなか難しい……」と思った方は、小学校の理科の実験などを思い出してみてください。光合成には、日光と葉緑素が必要だということを確かめようと思ったら、日光にあたるところにおいた鉢と日光があたらないところにおいた鉢とを比較したり、通常の葉とアルコールなどに浸して葉緑体を抜いた葉とを比較したはずです（図表2−27）。

つまり、他の条件を揃えて検証したい条件だけを異なる状態にしたもの同士を比較するということをやっていたのです。

ただ、不思議なことにビジネスにおける検証となると、ついつい目についた事象だけを捉えて意味合いを考えてしまいがちです。

・ある一定のスピードが求められているので、他の可能性を考える余裕がない
・他の条件が何なのかを洗い出すことをサボってしまう
・そもそも他の条件が違う環境を準備することが難しい

などの要因は考えられますが、「あること」を言うためには、それ以外の個所では「あることは起こっていない」ことを押さえる必要がある点は、注意しておきましょう。

▼「率」を考えるなら「実数」とセットで

ここでは、率を扱ううえでの留意点について触れておきましょう。

図表2-28のようなデータが手元にあったとして、どこに問題があるのかを考えると、製品Bの落ち込みが一番大きいことに気づくはずです。よって製品Bの受注率の改善を目指そう……。そこまで短絡的に物事が進む例はないかもしれませんが、製品Bに注目が少

図表2－28

受注率	昨年（%）	今年（%）	問題個所
製品A	80	60	
製品B	80	50	■
製品C	80	70	

図表2－29

受注率	昨年（%）	今年（%）	提案機会	単価（万円）	売上差額（万円）	問題個所
製品A	80	60	100	100	2,000	
製品B	80	50	10	100	300	
製品C	80	70	1,000	100	10,000	■

なからず当たるのは事実でしょう。

一方で、製品Bの受注率の低下が本当に大きな問題なのかは、率だけを見ていても適切な判断はできません。ここに、図表2－29のようなデータを加えてみましょう。受注率はそのままですが、提案機会、単価、そして売上の差額がいくらになるかを計算したものになります。

では、どの製品の受注率の落ち込みが問題なのでしょうか。

受注率の低下の差分という点のみに絞れば、製品Bはたしかに問題ですが、受注率の直接的な影響を受ける提案機会はたったの10件しかありません。逆に、製品Cは受注率の落ち込みの差分という意味では、3つの製品の中では最も小さいため、問題がなさそうですが、提案機会は1000件と最も多く、金額的なインパクトに換算すると最も売上への影響が大きかったということになります。

率で意味合いを見出そうと工夫するのは、決して悪いことではないですが、率で考えたとたんに母数、絶対数に対する意識が希薄になり、率のみが独り歩きして議論の対象になっているということは、結構、ありがちなことです。率だけで物事を判断することなく、必ず実数とセットで考えること、言い換えると、率は率でしかなく、率のみでは、実数については何の情報ももたらしてはくれないことを、今一度肝に銘じておきましょう。

▼表面的な数字に惑わされないために

さて、ここまで見てきた分解ですが、実は避けてきた論点が2つあります。

・見えてきた特徴は、「差」といえるのか
・差があったとしても、それはたまたま起こったことではないのかそれぞれ考えていくことにしましょう。

まずは、ひとつ目の「見えてきた特徴は『差』といえるのか」です。

たとえば、顧客満足度調査（10点満点）を実施しているとしましょう。

ケースA　顧客満足度　昨年の平均6・5点／今年の平均6・7点
ケースB　顧客満足度　昨年の平均6・5点／今年の平均8・8点

ケースA、Bそれぞれについて、「今年は昨年に比べて評価が上がっている」という解釈をしてよいのかというのが論点です。10点満点で2点以上平均が上がっているケースBについては、昨年に比べて向上しているという解釈をしてよさそうです。

一方、ケースAはどうでしょう。上がっているか否かでいえば、0・2点とわずかではありますが、上がっていますが、誤差の範囲であって、昨年とほとんど変わっていないという解釈もできなくもありません。

となると、この差がいくらを超えれば、「誤差」とはいえなくなるのでしょうか。0・3、0・4……、どこかで誤差と感じなくなる値が出てきそうではあります。一体何点の差があれば、昨年に比べて向上していると考えてよいかが論点となるのです。
では、ケースＡであったとしても、次のような場合はどうでしょうか。

ケースＡ１　昨年の平均６・５点／今年の平均６・７点（調査対象顧客5社）
ケースＡ２　昨年の平均６・５点／今年の平均６・７点（調査対象顧客１００社）

ケースＡ２については、１００社を対象に調査をした結果ということであれば、平均は微増ながらも上がっているという解釈ができそうです。一方、ケースＡ１については調査対象がわずか5社ですから、「たまたまなのではないか」という印象もぬぐえません。つまり、Ｎ数（調査対象の総数）がいくらかによっても、解釈が異なってきます。

最後の例として、Ｎ数が少ないケースＡ1で、次のような状況Ａ１－１、Ａ１－２を考えてみましょう（図表２－30）。

表のままではわかりにくいのでグラフ化すると図表２－31のようになります。
同じ昨年度平均は６・５ではありながら、企業ごとでみた場合、次のようにいえます。

図表２－30

	ケース A1-1		ケース A1-2	
	昨年	今年	昨年	今年
A 社	6.5	6.7	6.5	6.7
B 社	6.4	6.7	6.8	6.7
C 社	6.6	6.7	6.2	6.7
D 社	6.6	6.7	6.7	6.7
E 社	6.4	6.7	6.3	6.7
平均	6.5	6.7	6.5	6.7

・Ａ１－１は、６・４から６・６の範囲で評価がされていて、今年は平均６・７になった
・Ａ１－２は、６・２から６・８の範囲で「バラついて」いて、今年は平均６・７になった

この場合は、Ａ１－１は、昨年は６・７という評価は１社もなかったわけですので、微増ながらも上がっているという解釈もできなくはないでしょう。一方で、Ａ１－２については、昨年が６・２〜６・８とバラついていたということを踏まえると、今年の６・７もそのバラつきの範囲に含まれ、たまたまなのではという印象も否めません。

以上を踏まえると、

・ある一定量以上の差なら「差」と言えるが、それ以下

図表２－31

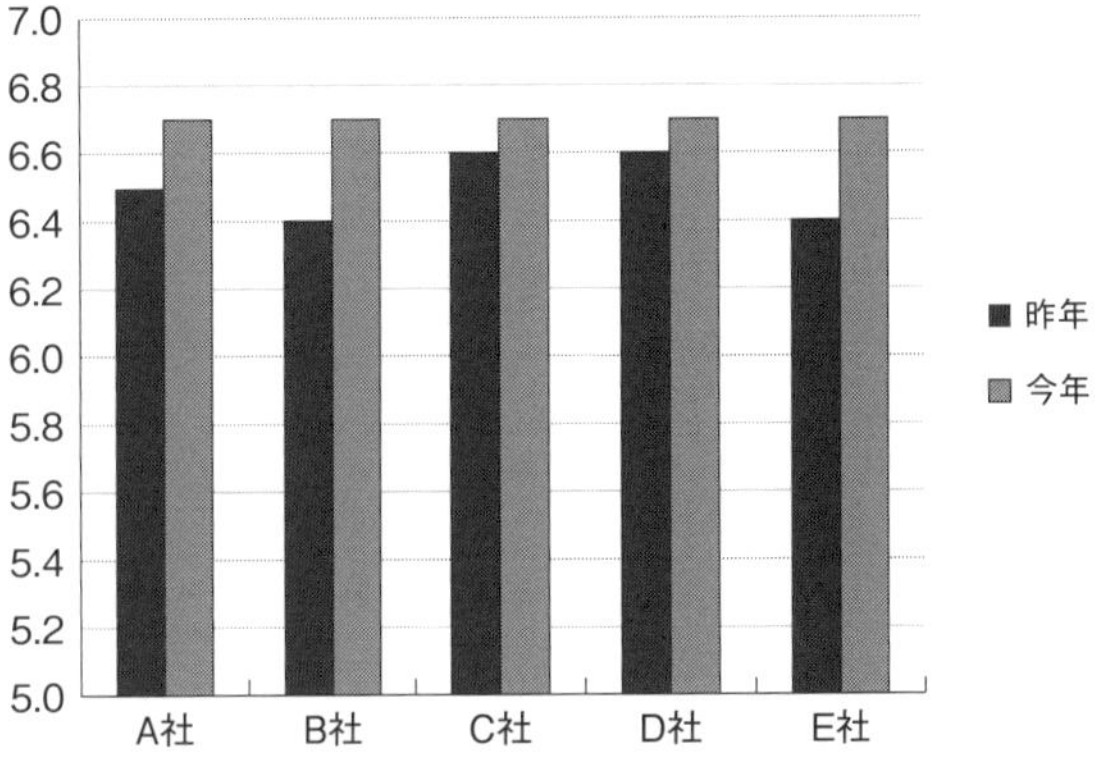

ケースA1-1

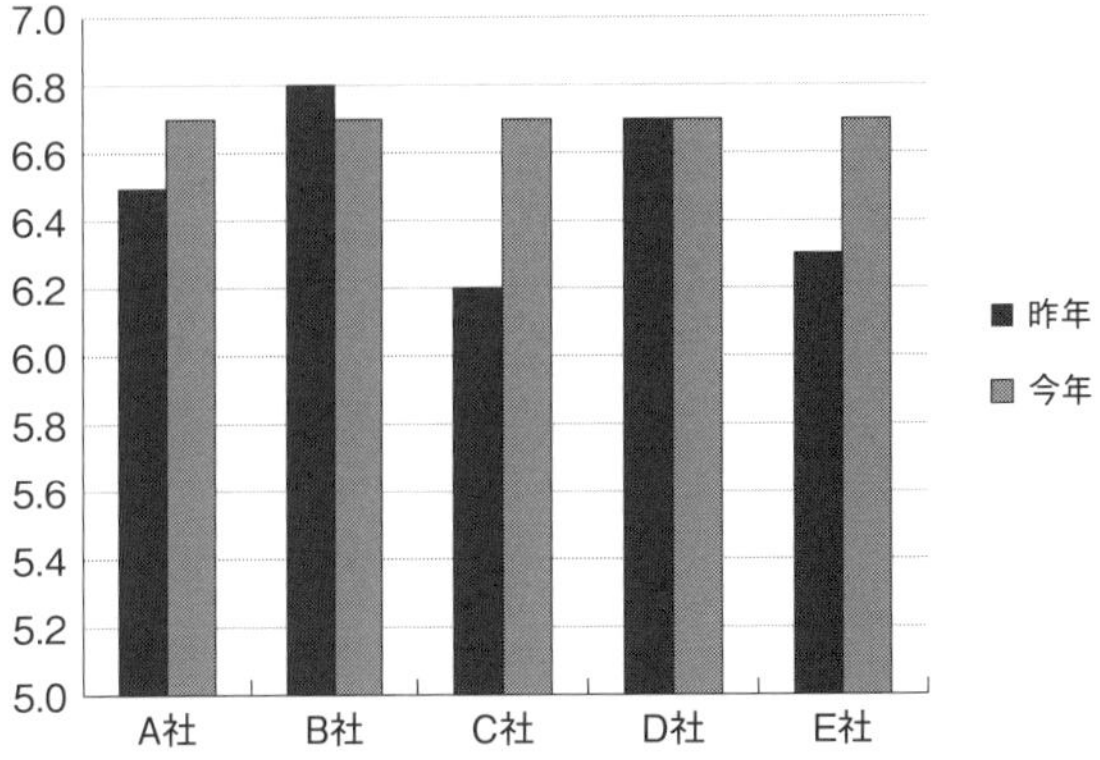

ケースA1-2

だと「差」とは言いがたいという境目がある
・総数によっても解釈は変わる
・個々のバラつきによっても解釈は変わる

といったことを、特徴を認識する際には注意すべきということになります。統計的に標準偏差などの概念も加えて、より精緻に検証をしていくこともアプローチとしてはありますが、実務上は、データがそもそも少ない場合やひとつのデータについて解釈を加えなければならない場合があるのも事実です。

ただ、ここでも大切なことは「分解」です。平均値などの表面的な数字の違いで留まるのではなく、企業ごとに個別にその状況を確認することによって、「差」と解釈してよいのかよくないのかが考えやすくなりました。また、実際には、最後は何をもって差とするのかは「決め」であったりもしますので、「できる範囲で分解をする」「総数やバラつきなどが示せる場合はそれも合わせて示す」ことを行なったうえで、

・何をもって「差」としたのかの定性的な理由を持つこと

・その理由とともに合意形成を得ること

についても心がけていくようにしましょう。

4　さあ、分析してみよう！

▼〈ストーリー〉今日も社内の議論は平行線

精密機械製造部門の住谷さんは、製造ラインの不良品率を下げるために、問題点の特定に取り組んでいます。

組立作業のところに品質の差があることがわかってきたため、会議で発表したところ、参加者から、「組立作業ではなく、製品別に見ていくと、E製品の不良品率が足を引っ張っていると言えるのでは？」と指摘を受けました。

住谷さんは、これまで製品ごとで問題があると言われたことはなかったため、「製品別というのはうちの考え方からすると不良品率で差が出るとは思えません。私のデータが示しているように組立のところに問題があります」と主張し続け、議論は平行線をたどるばかりです。

▼提供側、顧客側……視点を変えてみる

これまで再三採り上げてきた売上の分解について、また、違った視点で見てみることにしましょう。

パターン1：商品別、店舗別、価格帯別、店長別、月別、時間帯別
パターン2：年齢層別、男女別、収入別、

さて、「パターン1」と「パターン2」では何が違うのでしょうか。
両方とも、足し算型で分解をしようという切り口ではあるのですが、パターン1での分

解はできても、パターン２は難しい面があります。それは、パターン１は売り手の視点での切り口であり、パターン２は顧客側の視点、つまり顧客側の情報がないと分解ができない切り口だからです。

言い換えると、パターン１については、販売履歴を追っていくことで、特定することができるのですが、パターン２は、その商品をどんな属性の顧客が買ったかという顧客側の情報がないと、実は分けることができない性質の切り口といえます。

この分析のしやすさもあって、人は得てして「何が売れているか」という視点で分解をする傾向があります。たしかに提供者側の視点で商品を管理する点では合理性があり、かつ分析しやすいのですが、大切なことはその先、誰が買っているのか、なのです。つまりどんな顧客が買っているのかという情報が実は大事だったりします。

ＰＯＳシステムはレジにおいて「誰が買っているか」と「商品」を結びつける試みですし、カードをつくって顧客を囲い込もうとしているのも、実は顧客側の情報と商品を結びつけようとしている行為と捉えることもできます。

したがって、分解をして何が見えるかも大切ですが、「分解の際にどんな情報と結びついていれば、その分解がより意味を持つか」という視点で情報をセットで取る、もしくは蓄えるということを考えていくことも大切です。

▼現状の分解だけでは不十分、あるべき姿の分解も考える

ここまで、分解することの意味は、何が起こっているかをしっかりと捉えるためという話を繰り返してきました。その際、往々にして発生しているのは、「あるべき姿と現状のギャップ」です。

たとえば、今月の売上目標１００万円に対して、現状の見込み売上は80万円で、残り20万円をどう埋めていくかを考える際に、ではこの20万円の差はどこから生じているのかをしっかりと見ておこうというのがそもそもの発想でした。

これまで見てきたように、売上を分解するとすれば、

・新規の売上と既存の売上に分けてみる（新規・既存別・足し算型）
・商品ごとに分けてみる（商品別・足し算型）
・単価と数量に分けてみる（掛け算型）

といった切り口で考えていくことが大切ということでした。

ただし、ここでもうひとつ、押さえておかなければならない論点があります。それは、分解する対象は、果たして「現状」でよいのかという点です。分解をしてみることで状況がよりクリアに見えてくるのはそのとおりですが、上述の例はいずれも「現状」を正しく把握しようとしている行為であり、「対象が現状でよいか否か」という点は考慮されていませんでした。

何のために現状を把握しているのかを改めて考えてみると、前述の例では、あるべき姿と現状に「ギャップ」があるから、「現状」を調べようという発想になっています。

ただし、実はこの発想は、あるべき姿が明確で、かつ所与の条件としてよいという前提の上に成り立っているのです。実際には、次のようなことも往々にして発生しています。

・あるべき姿自体の根拠がそもそもあまりない
・あるべき姿自体の根拠はあったのだけれど、実は間違っていた
・あるべき姿自体の根拠はあったのだけれど、環境が変わり修正が必要

図表２－32

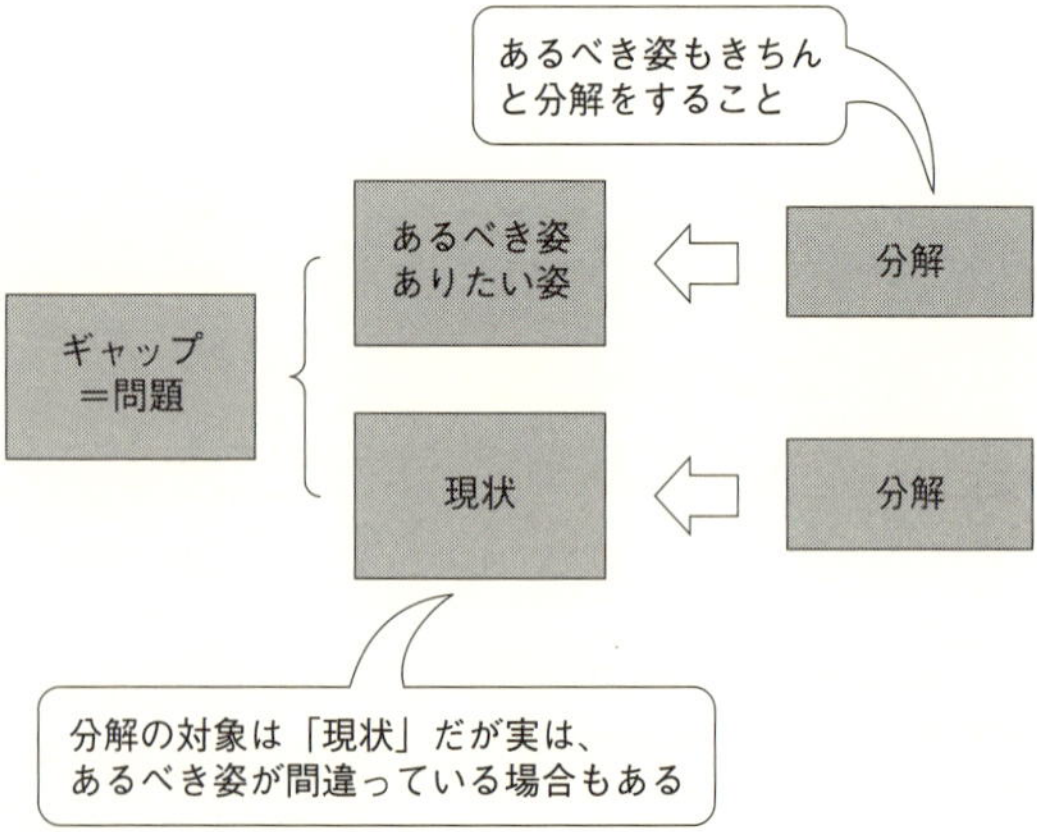

したがって、「あるべき姿」についてもきちんと分解し、どのような想定であるべき姿を算出したのか、そのあるべき姿自体を引き続き「是」として考えていいのかという視点を同時に持っておくことが重要になります（図表２－32）。

組織の慣性として、あるべき姿自体は細かく検証されない「聖域」になる傾向にありますので、「分解の対象は、現状だけでなくあるべき姿も」ということを念頭に置いておきましょう。

▼意外に使える「需要÷供給」の分解手法

突然ですが、日本にはイタリアンレストランが何軒あるでしょうか。

これは「フェルミ推定」といわれるお題です。「分解」とは異なるテーマのように感じる方もいるかもしれませんが、頭の使い方は「分解」と同じなのです。ここでは、どれだけの需要があって、どれだけの供給があれば、その需要を満たすことができるのかを考えることで、供給（イタリアンレストランの数）を算出してみましょう。

では、まず需要サイドからです。イタリアンの総食数（年間）を考えてみましょう。

絶対量は、３次元、「最小単位×N数×頻度」を基準に考えてみると、イタリアンを食べる人の総数は、たとえば1億2000万人のうち、お年寄りと幼児を除いて、ざっくり3000万人。１食は1食なので、あとは頻度を月に1回、イタリアンレストランで食すものとすると、月あたり3000万食の需要があることになります。

では、何軒あれば、供給体制が整うか。

1軒のイタリアンレストランの座席数を30、昼、夜ともに2回転すると考えると、1日あたり120食提供することが可能になります。1カ月では、3600食ですので、次のように算出することができます。

3000万食÷3600食＝8333店舗

導き出された8333店舗が正しいかどうかは別にして、押さえておきたいのはアプローチ、どのように算出したかです。

（イタリアンレストランの数）＝（総食数）÷（1店舗の供給食数）
（総食数）＝人数（3000万人）×単位（1食）×頻度（月1回）
（1店舗の供給食数）＝座席数（30）×単位（1食）×頻度（昼、夜2回転）

需要、供給を考える際に、それぞれを「単位×人数×頻度」の視点で分解し算出する、大きな塊をそのままで扱おうとせず、分けて考える効用はこんなところにも使えるのです。

加えて、その需要はどれだけの供給があれば賄えるかという発想は、市場規模等を推測する際にも活用できますので、（需要）÷（供給）の発想で物事を分解していくアプローチも覚えておくようにしましょう。

▼表面をなぞるのではなく、侵入角度を深くしよう

さて、ここまで見てきたように、「分解」は丁寧に一つひとつを取り上げれば、非常に簡単なことです。

ただし、

・細かく分けるという思考が面倒なこと
・試行錯誤を繰り返さないとモノが見えてこないこと
・さらには、見えたものが正解とは限らないこと

という理由から二の足を踏んでしまいがちです。

その結果、入口の段階から深入りすることを避け、見えている情報からなんとなく都合のいい解釈をし、その解釈を補足できるだけの情報をとりあえず集めて終わりという、浅

図表２－33

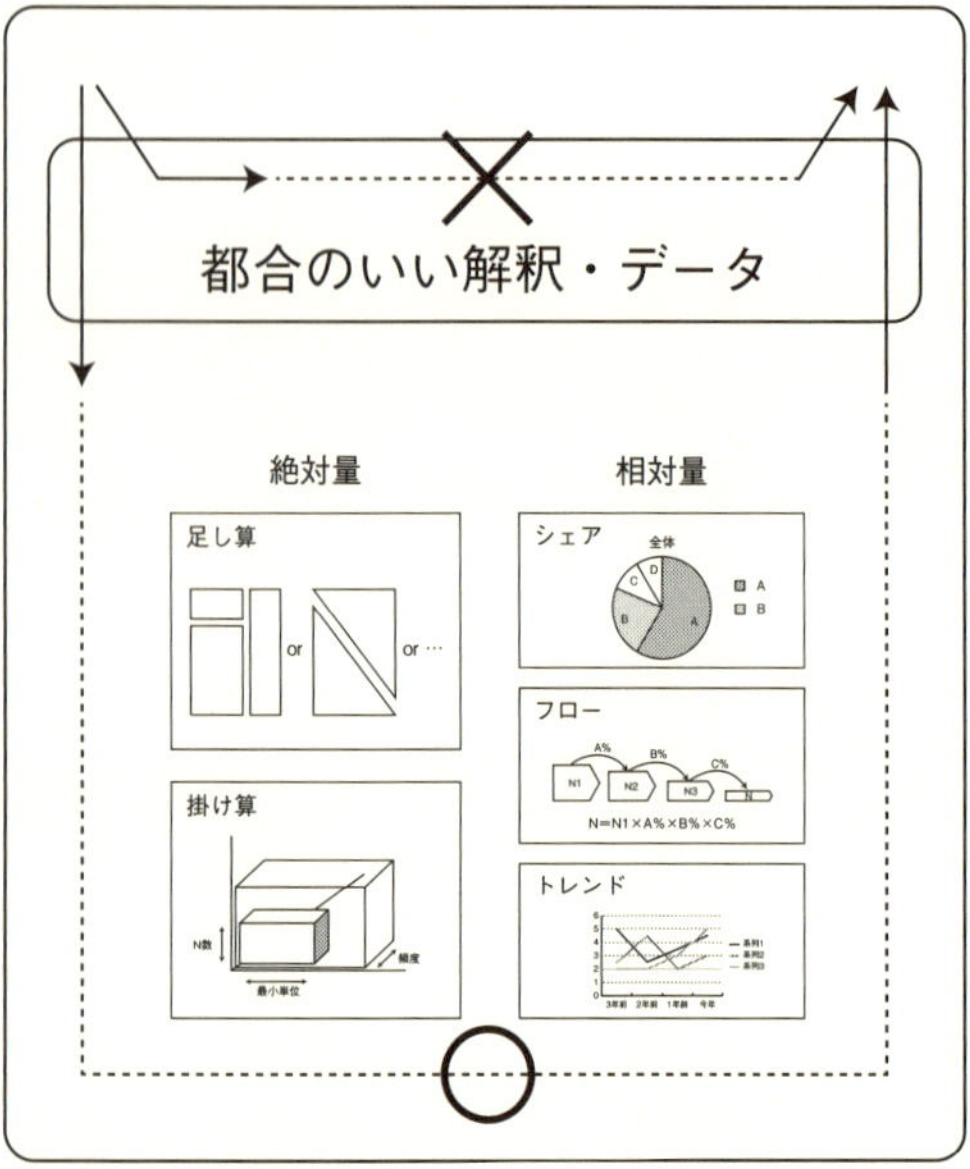

い頭の使い方になっていることが往々にしてあります。

そんなときは、侵入角度を深くして、少なくとも「絶対量を足し算と掛け算」「相対量をシェア、フロー、トレンド」で分解をしていくことから始めてみましょう。

何らかの示唆が得られる可能性が高まります（図表２－33）。

第2章まとめ

- 分析とは、分解すること
- 定量は、足し算か掛け算で、定性は、要素かプロセスで分解しよう
- 表面的な数字に惑わされず、侵入角度を深くしよう

第3章

評価——思考プロセスを透明化せよ

1 ビジネスにおける評価とは「よいか」「悪いか」を判断すること

▼〈ストーリー〉昨年対比1・5％は適切な計画か

ある生活用品メーカーの営業会議で、以下のような議論が交わされました。

A「定番品のシャンプー『X』の売上、今年度は昨年対比で1・5％でした。ほぼ計画通りですし、よくがんばったといえます」

B「いやいや、たしかに計画通りとはいえ、1・5％では低すぎる気がします。他社はもっと好調のようですし、現に店頭のシェアが減りつつある兆候が見られますし」

A「市場全体の動向とか、他社の動向とか、そうした要素を加味して計画1・5％増で決まったじゃないですか。勝手にゴールを変えるようなことを言われては困ります」

B「それは少し官僚的な発想じゃないでしょうか。たしかに計画はそうですが、最後に見直したのは四半期前です。今の感覚のほうが重要だと思います」

▼ビジネスは「評価」の連続

ビジネスにおいて、「評価」と聞いたときに、何を思い浮かべますか。どんな仕事をされているかにもよりますが、たとえば、人事・総務系の方の場合は、「人事評価」。これは、評価する側にとどまらず、評価されるという意味で、多くの人にとって重要な関心事です。

また、製品の開発をしている方であれば、「性能評価」がなじみの深い評価となるかもしれません。また、部長や事業部長の視点であれば、昨年実施した施策を評価する、これから行なおうとしている戦略の評価をするといった状況において、評価を行なっていくことになります。

このように評価という言葉はさまざまな状況で使われますが、その対象が「人事」であったり、「性能」であったり、「施策」であったりするだけで、どんなことをしているかという意味では、「よかったのか、悪かったのか」「よいことなのか、よくないことなのか」を判断する行為と捉えることができます。

▼何と比べるか――比較対象を考える

さらに、具体的に考えてみることにしましょう。

ここに1個、300円の石鹸があるとします。「高いのか、安いのか」について評価してくださいと言われたら、どう考えるでしょうか。

日用品として売られているものが、通常1個100円。それと比べれば高い。一方で、輸入品の高級石鹸は1個1000円。こちらと比べると、安い。当然、どんな石鹸なのかということも気になりますが、高いのか安いのかを判断しようとすると、他の石鹸と比べてどうかという思考が働くことになります。

もうひとつ、テニスコートを例に考えてみましょう。都心のインドアのコートを借りると2時間で1万円。これは高いのでしょうか、それとも安いのでしょうか。

都内のアウトドアのコートであれば、2時間5000円、郊外のアウトドアのコートであれば、２時間２０００円だった場合、他のテニスコートと比較することで、高いという結論となるでしょう。

また、条件を揃えて、都内の他のインドアのコートと比較すると、高いわけではないともいえます。さらには、４名で２時間楽しめるというアクティビティであると捉えると、たとえばゴルフに行くことと比較すれば、割安だと考えることもできます。

このように、何を比較対象として持ってくるかによって、評価は変わってくるのです。となると、考えなければいけないのは、何と比較するのがよいのかということです。せっかく評価をしても、「そんなものと比べても仕方がないだろう」と言われるようでは説得力がありません。

では、評価のための比較対象はどのようにして決めていけばよいのか、別の例で考えてみましょう。

たとえば、法人顧客向けのセミナーを開催したとして、セミナーに参加してくれた参加者の人数は、５００名。さて、これは多いでしょうか、それとも少ないでしょうか。評価するならば、何を比較対象とすればいいでしょうか。たとえば、

A：前回（3カ月前）実施した法人顧客向けセミナーの参加人数との比較
B：昨年、同時期に実施した別テーマでの法人顧客向けセミナーの参加人数との比較
C：最近、別地域の支店で実施した同じテーマのセミナーの参加人数

と3つの候補があったとき、どの候補と比較するのが適切なのでしょうか。

Aは、3カ月前とはいえ、比較的最近実施しているという点ではよいですが、実は、3カ月前、ちょうど多くの参加予定企業の決算期と重なり、集客に困ったという特殊な状況があったとしたら、単純に比較するのは難しくなります。

Bについては、1年前ではあるものの、年度のタイミングという意味では同一条件です。ただし、集客に影響が出そうなテーマが今年のものとは異なっていると、やはり単純比較は難しいでしょう。

Cについては、時期は同一、テーマも同一ということで条件は揃っているものの、開催された支店のロケーションが今回と異なるならば、やはり単純比較は難しくなります。

比較対象選びはとても重要な要素でありますが、適切な対象を見つけることは簡単ではありません。

このケースで考えなければならないことは、「集客に影響を与えそうな条件」です。今回の例であれば、「時期」「テーマ」「開催場所」だろうということ、そして、すべての条件が評価対象と揃った比較対象があればベストですが、A～Cのケースのように、何らかの条件が異なっている場合は、どの条件が揃っていることが比較対象として説得力が高いかを判断することが求められます（一般的には、影響の大きいものの条件は揃えようとします）。

比較対象の選択の際には、

・構成している条件が何かを洗い出すこと
・比較対象と条件が揃っている対象を選ぶ努力をすること
・（すべての条件が揃わない場合）どの条件が揃っていることが大切かを判断すること

を心がける必要があります。

▼そもそも比較する目的は何か

何を比較の対象とするか考える際には、目的も重要になります。
たとえば、東京都の傾向を評価する場合に、次の3つの視点があるとします。

・ニューヨークと比較するのがいいのか
・大阪と比較するのがいいのか
・全国の傾向と比較するのがいいのか

世界の中でどれだけ都市として魅力があるのかを評価するのであれば、ニューヨークということになるでしょうし、日本の政令都市の中での特徴を評価するのであれば、大阪ということになります。一方で、全国との比較という視点では、東京が特殊な傾向を示すことは明らかなので、その差がみたいということであれば、全国平均との比較というのも意味がでてきます。

同様に、たとえば自部門の状況を何と比較するのがいいのかについては、全社平均と比較するのもひとつのやり方です。しかし、同規模の組織との比較、同じ役割を担っている部門との比較のほうが適切な対象であることもありますので、比較する際は、目的に応じて、対象を選択するようにしましょう。

もう1点注意しておきたいことが、比較する際の前提は妥当なのかについてです。

たとえば、課長昇進のテストの結果をみる場合は、同じテストを同じ環境で受けたという状況であれば、点数を比較することで評価は可能になります。一方で、「課長」というポストは同じであっても、今年度の業績を評価するという状況であれば、組織の置かれている環境も目標とする内容も異なるため、A部門の課長とB部門の課長との評価は単純には比べられないのは自明のことでしょう。

さらには、この例では同じ会社の課長という条件が揃っていますが、たとえば人材マーケットで評価する場合、大企業で係長を務めたAさんとベンチャー企業で課長を務めたBさんのどちらを採用するかといった比較を求められるケースのほうが多いかもしれません。

そのため、前提の条件の何が揃っていて、何が揃っていないのかをきちんと理解して、比較をすることが大切になるのです。

▼「時間×範囲」を意識して、変数を揃える

次に、「新入社員の1年目の離職率が、今年度は5％。これは高いのか、低いのか」について評価してみましょう。

まず、「何と比較をすればいいのか」という意味では、代表的なのは、時間軸、つまり、昨年や5年前と比べてどうか、自社の過去の実績との比較が考えられます。

自社の過去との比較に留まらず、他社と比べることが必要な場合もあるでしょう。業界の離職率、ライバル会社の離職率などと比較してみるというアプローチも示唆を与えてくれる可能性があるからです。この場合、業界平均との比較については、やはり自社と同業界との比較を真っ先に行なうことになるでしょうし、個別のライバル会社と比較するとしても、1000名の従業員のA社と100名の従業員のB社があれば、自社の従業員数に近いほうを比較の対象として見ておこうと考えるのが自然です。

また、さきほどの時間軸も、たとえば、5年前は30名採用し、昨年は10名、そして今年

は30名の採用だったとすると、５年前と比較するならば、採用数が同じだから、昨年と比較するならば、新人の気質や傾向が今年と近いだろうからといったことが理由になってきます。

このように比較対象を選択する際には、我々は自然に、「類似性」を求めている、つまり、比較する項目以外の条件をできるだけ揃えたい、そのほうが比較の意味合いをより高められるだろうという前提が存在していると考えられます。

すなわち、比較対象として何を選択すればよいか考える際は、できるだけ変数を揃えることが必要になってきます。

そして、変数については、「時間軸」と「範囲」を意識するとよいでしょう。

時間軸については、最近の状況と比較するのが基本となりますが、過去のとある時点と現在の類似性が高いようであれば、その時点を採用する手もあります。

もうひとつの範囲については、評価したい対象にもよりますが、モノ（What）として何と比較をすればいいのか、エリア（Where）として何と比較すればいいのか、ヒト（Who）として誰と比較すればいいのか、もしくはその組み合わせとなります。

また、すべての変数を揃えられるとは限りません。そのような場合は、変数の中で結果に影響の大きそうな要素は何なのかを見極め、その要素だけは揃えていくという努力をすることが大切になってきます。

先のケースでいけば、業界なのか、採用の人数なのか、もしくは、社員数に対する新人の比率なのか、重要度をよく見極めることです。これは必ずしも一般論で語れるものではなく、たとえば当該の会社が地方都市に本社を抱えるということであれば、業界軸よりもエリア（Where）を優先させたほうがよいというように、個別事情をよくよく考慮する必要があります。

仮に重要度の高いものに絞ったとしても、それでも適切な対象が揃えられない可能性もあります。その場合は、何が揃っていて何が揃っていないかを認識しておくこと、そして、評価の前提としてきちんと共有することが重要です。

まとめると、適切な対象選びのための視点は、「時間×範囲」であり、次の3つのステップで進めていくとよいでしょう。

1. まず条件を揃える
2. （1ですべて揃わなくても）影響の大きそうな条件だけでも揃える

3．どの条件が揃っていてどの条件が揃っていないかを理解して評価する（そしてその状況もしっかりと共有する）

実際には、1の努力はするものの、都合のいい評価対象が存在することは少なく、2、3以降を放棄してしまう傾向がありますが、ここをがんばれるかどうかが、最終的な「評価」において大きな違いを生むことになります。

2 その「評価」は適切か

▼〈ストーリー〉3つの新製品、どれを優先的に開発するか

自動車部品を製造しているD社では、3つの新製品の開発を進めています。

しかし、開発予算が削減されることになり、どの製品を優先的に開発するかを決め

る必要が出てきました。開発部課長の坂口さんは、部長から「3つの製品のうちどれを進めるべきか」について次の会議で提案してほしいと依頼されました。そこで、性能、売上予測、開発コスト、リスクの4点について5段階で評価をつけ、一番合計点数の高かった製品Aを優先的に開発することを提案しました。ところが——。

製造部長「Aの点数が一番高いといっているけれど、リスクを考えるとAには賛成できないなあ」

坂口課長「リスクにつきましては、記載されているとおり評価をきちんと行なっていますが……」

製造部長「たしかにそうだけど、なんか納得がいかないんだよな」

企画部長「Aは売上予測では2番目だよね。やっぱり売上予測の高いCで行くべきなんじゃないのかな」

坂口課長「売上予測だけではなく、他の点も総合的に勘案して点数はつけたのですが……」

企画部長「点数のつけ方が悪いとは言っていないんだけれど、平均点の高いAはかえってインパクトがないんだよね」
開発部長「一度持ち帰って検討させていただけますか」
坂口課長「わかりました……」

▼まず、「絶対値」を掴み、「傾向」を理解せよ

評価の対象について押さえたら、今度はいよいよ、どのように評価するのかを考えてみましょう。

まず、思い浮かぶのが、「大きい・小さい」「熱い・寒い」「高い・低い」「長い・短い」など、絶対値を評価するという視点ではないでしょうか。

また、「増えている・減っている」「伸びている・縮んでいる」など、傾向を評価するという視点もあります。

この２つの視点から、何が起こっているかを正しく理解し、意味合いを捉えていくというのが、評価をする際の基本的な考え方です。

・「絶対値」として正しく理解し、そこへ「比較対象を持ってくることで」意味合いを加える
・「傾向」として正しく理解し、そこへ「比較対象を持ってくることで」意味合いを加える

そして最後に、この意味合いがよいことなのか、悪いことなのかについて判断を行なっていきます。つまり、「評価をする」という行為は、「絶対値の評価」×「傾向の評価」×「判断」という3つの行為に分けて考えることができます（図表3-1）。大切なことは、正しく事実を認識し、意味合いを押さえることであり、ここを適当に流してしまうと説得力のない判断が生まれることになります。

▼分けられるものと分けられないもの

ここからは、「絶対値」「傾向」「判断」の3つの意味合いについて考えていきます。次の2つの問いについて、考えてみましょう。

図表３−１

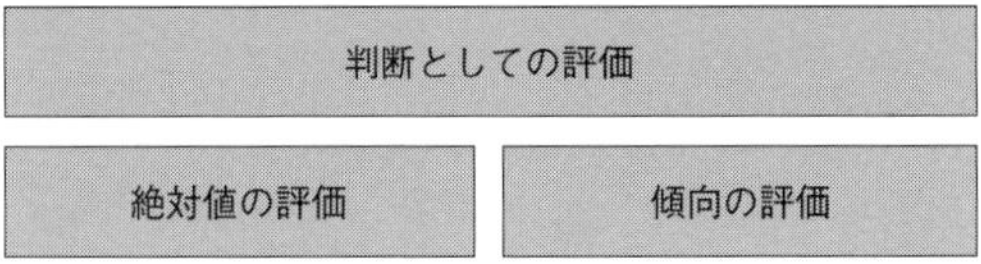

「今年の東京の8月の最高気温の平均は、28度でした。今年は暑かったのか、涼しかったのか、評価してください」

「今年の8月の売上は１００万円でした。8月はよく売れたのか、売れなかったのか、評価してください」

どちらも8月の情報だけしかないため、評価することができません。したがって、たとえば気温については昨年8月の最高気温の平均と比較する、売上については前月にあたる7月の売上と比較するといったことが必要になります。

さて、ここで気温28度という数字と売上１００万円という数字の持つ意味をちょっと考えておきましょう。まず、気温の28度は、絶対値として28度という値が存在します。一方で売上の１００万円はどうでしょうか。これも絶対値という意味ではたしかに１００万円なのですが、売上は積み上げていくものであり、１００万円を分けてみることができます。
たとえば、図表3－2のような2つのケースがあったとしましょう。どちらも、7月の売上は80万円、8月の売上は100万円です。

図表3－2の右図の場合は、商品A～Cが全体的に好調で、前月から売上が伸びているという状況です。一方の左図は、商品A～Cは前月と変わらず、8月の伸びは商品Xの伸びに依存していることがわかります。

これは8月の売上100万円を商品別に分けることで見えてきた結果です。仮に商品Xは8月から投入された新商品だとすると、右図の場合は、「新商品Xの寄与度はまだほとんどない、8月の売上の伸びは既存商品のがんばりによる」という解釈ができますし、左図の場合は「既存商品は前月と変わらない中、新商品Xの売上への貢献が大きい」といえます。

このように、持っている値自体を分けられない場合は、比較対象として何を持ってくればよいかを考えればいいのですが、分解可能な場合は、分けるべきかどうかを先に判断し、そのうえで比較対象も考えるというプロセスが必要になります。

図表３－２

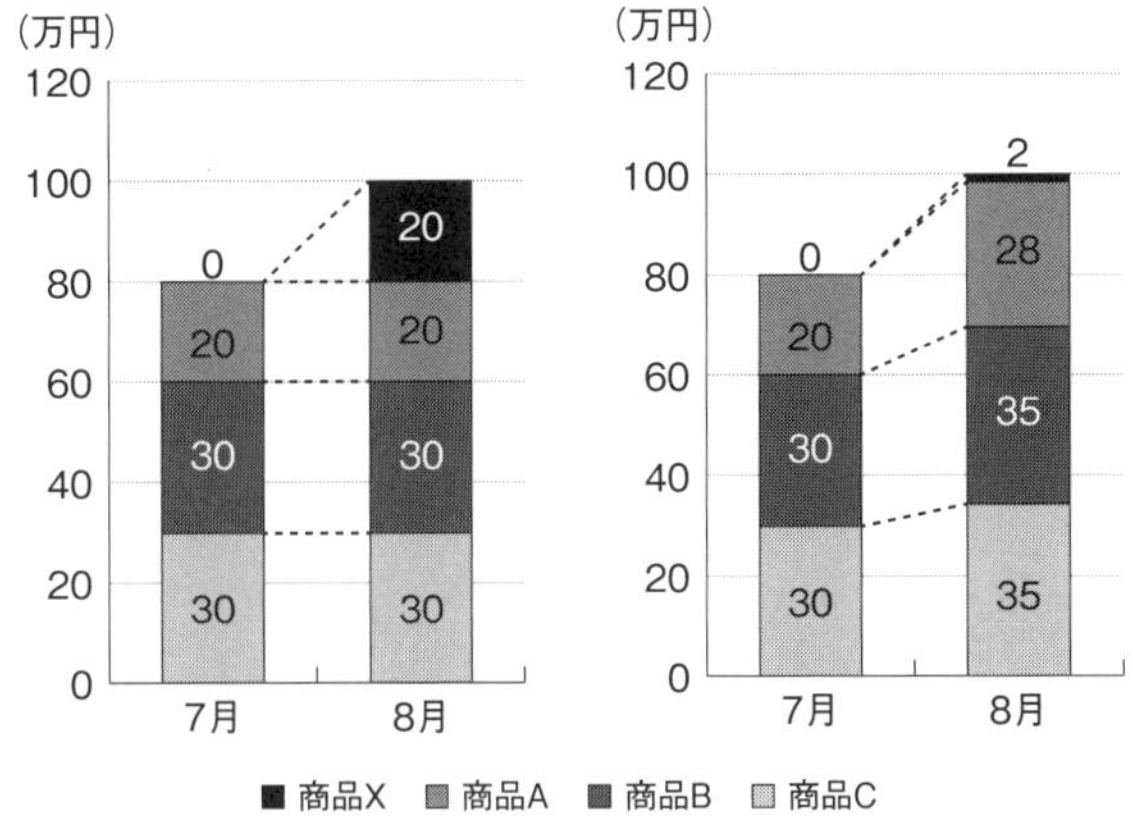

本来は分解をしなければならない状況において、大きく捉えたままにしていると、往々にして解釈に誤りが発生してしまいます。ですから、先に「分解」を考える必要があるのです。

▼「変化」と「偏り」とで傾向を評価する

傾向の評価は、「変化」と「偏り」の２つの視点で捉えるようにしましょう。これは、評価の軸が大きく２つ、「時間」と「範囲」にあることとも符合します。

まずは、変化の視点を押さえていきましょう。

前年との比較で、「増えている」という状

図表3－3

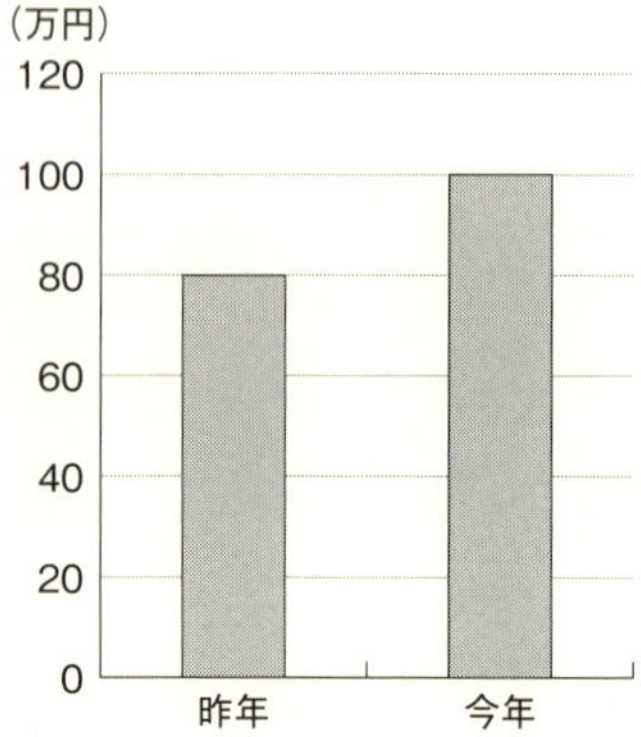

況がわかったとします（図表3－3）。

ただし、もう少し前からの情報を見てみないと、昨年から今年の変化の意味合いがわかりません。

図表3－4の一番上は、ずっと伸びている中での昨年と今年、真ん中は繰り返し増減が起こっている中での昨年と今年。どちらも、ある程度過去の延長で予想ができるという意味では、変化には意味がないかもしれません。一方で、一番下の状況であれば、これまでとは異なった傾向にあることは、明らかです。となると、それぞれ、

上：昨年から今年は増えているといえるが意外

図表３－４

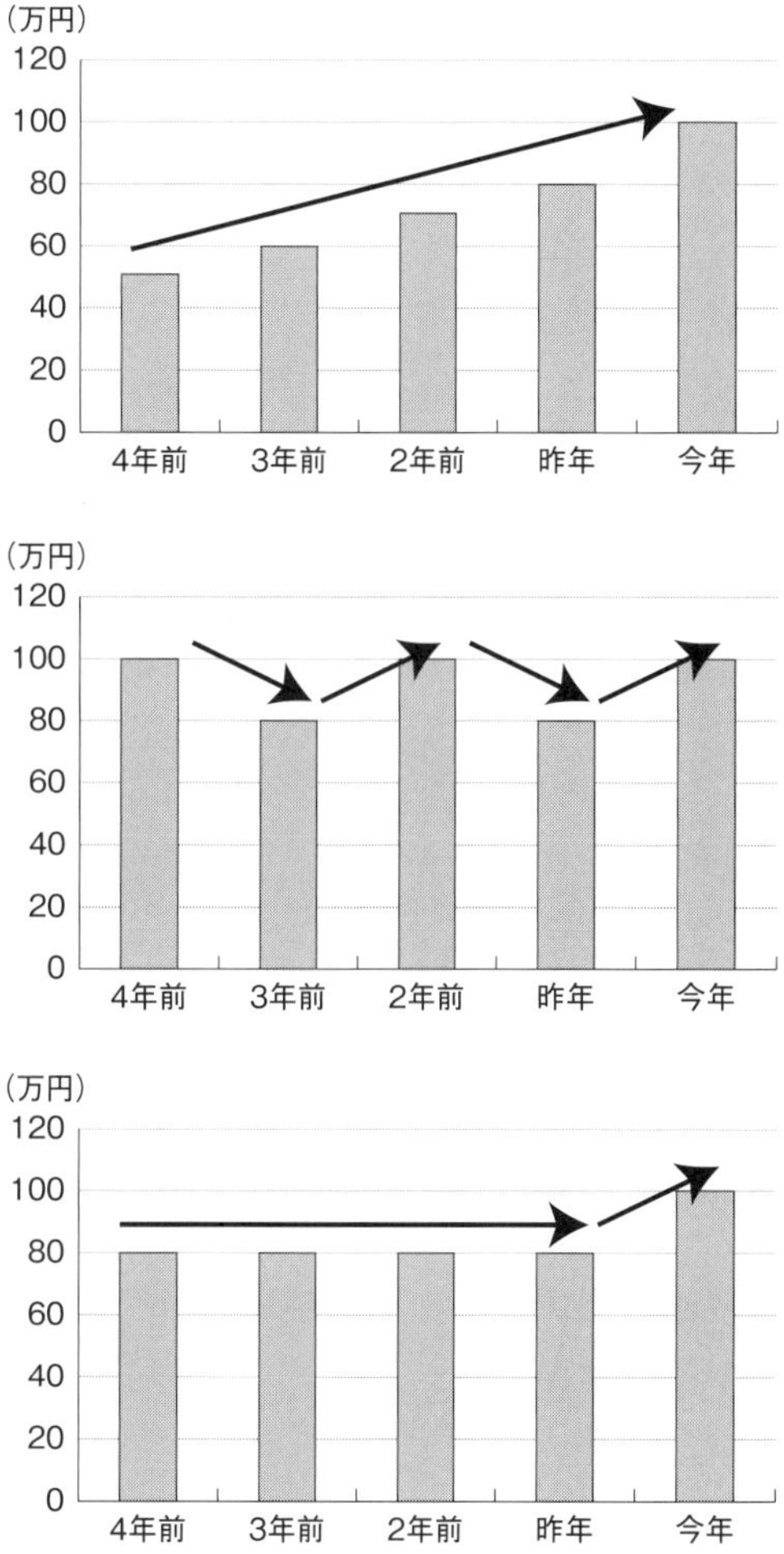

（万円）
120
100
80
60
40
20
0
4年前
3年前
2年前
昨年
今年
（万円）
120
100
80
60
40
20
0
4年前
3年前
2年前
昨年
今年
（万円）
120
100
80
60
40
20
0
4年前
3年前
2年前
昨年
今年

性はない
真ん中：昨年から今年は増えてはいるが、これは周期性の一環
下：昨年から今年にかけて増えている

と評価ができることになります。

同様に、範囲の傾向についても考えておきましょう。

10名の課長に部長昇進のためのテストを受けてもらったと仮定しましょう。

Aさんの点は70点。これだけでは評価はできないため、10名の平均点と比べてみるというのがひとつの方向です。実際に10名の平均点は60点だった場合、70点は平均と比べると高い、優秀であると評価できそうです。

ただし、10名の得点分布がどのようになっているかがわからないと適切な判断にはつながりません。

残りの9名を含め、10名の得点分布が図表3－5のようだったとしましょう。いずれもAさんの得点は70点、10名の平均点は60点になります。

図表3－5

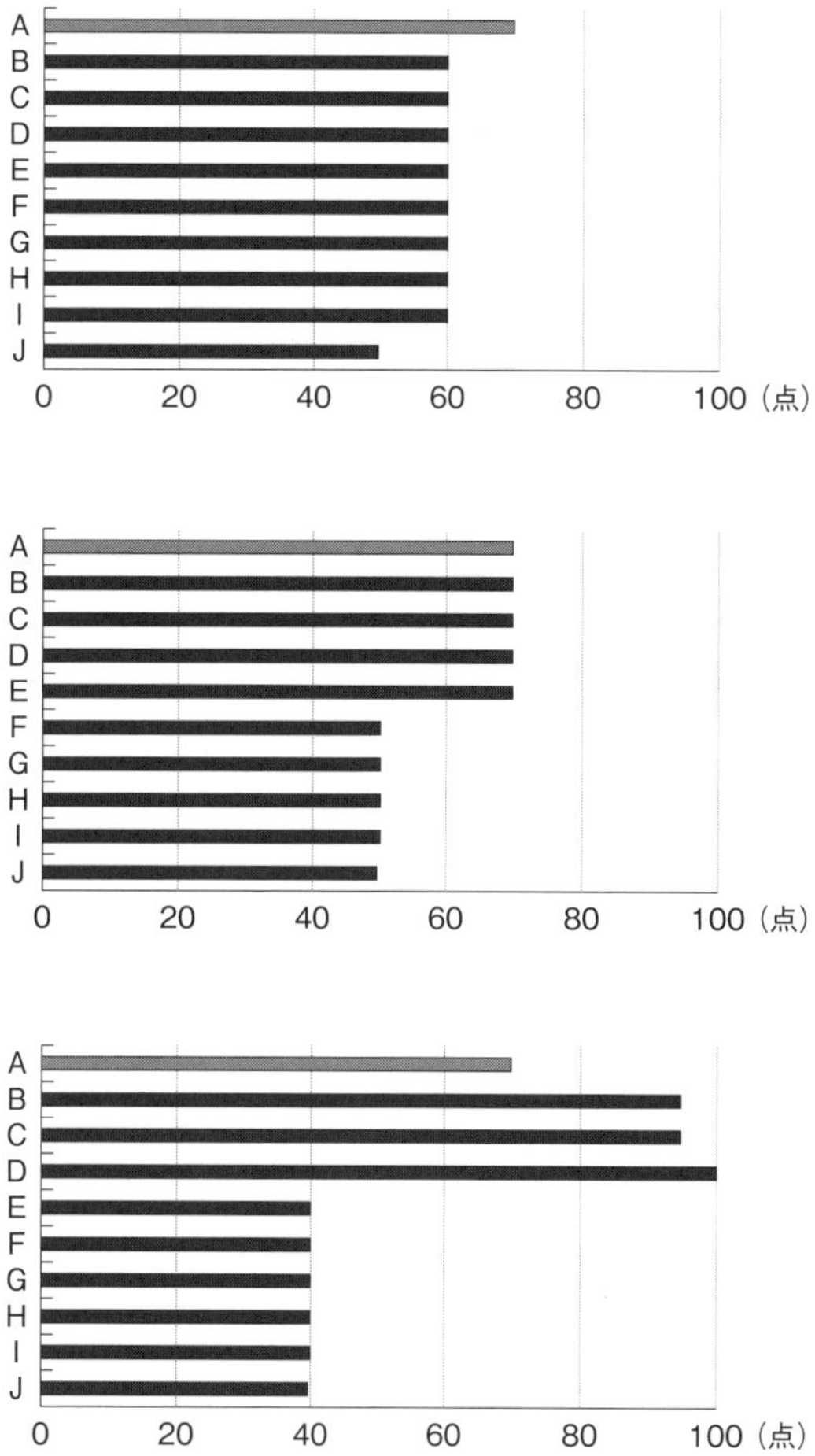

上の場合は、Aさんが最高点ではありますが、他の9名と比べてもそれほど大きな差はないという見方ができます。

真ん中の場合も同じくAさんは最高点になるわけですが、B～Eも同様に70点であるため、Aさんだけが突出しているわけではありません。

下の場合は、平均との比較という意味ではAさんはたしかに優秀なグループに属しますが、B、C、Dの特に優秀な3名に平均点が引っ張られていること、さらにこれら優秀なメンバーとの比較においては、劣っていることがわかります。

したがって、Aさんの点数70点を平均点60点と比較して評価することは、もちろん「あり」ではあるのですが、それだけでなく全体像、他の個人ともしっかりと比較して、「偏り」をきちんと把握することが大切です。

3 「評価」するときはここに注意！

▼〈ストーリー〉なぜ、大口受注に対応できなかったのか

精密機器製造部の柴田さんは製品在庫を担当しています。

営業部の予測の数字に基づいて生産を行ない、欠品せずに顧客に製品を届けるのが彼の役割ですが、同時に会社のキャッシュフローを潤沢に回すために在庫が積み上がることも防ぐ必要があり、適正な在庫基準をコントロールするのは苦労の連続です。

ある日、営業部から、２０００ロットの受注予測が届き、納期は6カ月後とのこと。通常２０００ロットの製造であれば5カ月前には製造する必要があります。しかし、一昨年、大口受注があるという営業の予測をもとに製造したにもかかわらず、最終的に営業が受注予測を下方修正したため、結果的に不良在庫となり、特別損失を出した経験が、柴田さんの頭をよぎりました。

そのため、柴田さんは、

「まずは、半分の１０００ロットを製造し、本格的に受注が決まった段階で残りを製造しよう」

と決定し、上司からも了承を得ました。

1カ月後、営業部に問い合わせると、

「6カ月後に納入予定でしたが、1カ月前倒しになったんですよ。問題ないですよね？」

との返答が……。

「まずい！　3交代で製造をしても500ロットは間に合わない……」

困った柴田さんは、

「申し訳ないのですが、1500ロットは1カ月前に納入できますが、残りの500は間に合いません」

と営業部に報告しました。すると、営業部長からは、

「柴田さん、どういうこと？　通常のスケジュールだったら少し無理すれば問題ないレベルだろ。500ロット足りないなんてありえない。このままじゃ売り逃しじゃないか！」

と強く催促されてしまいました。

（一昨年、受注予測を下方修正して、不良在庫を出したときの記憶にとらわれるあまり、売れ行き好調の可能性を軽視してしまったな……）

▼「時間軸」を使って評価することの難しさ

前項で、「今年」と「昨年」だけを比較しても傾向は見えてこないということを確認しましたが、それでは、実際にどうすればいいのか、何に留意しておく必要があるのかという点を押さえておきましょう。

時間軸で傾向をみる場合のひとつ目の疑問は、何年遡ればよいのかということ。とはいえ、たとえば50年遡る必要はないと感じるのも事実ではないでしょうか。その理由は、単純に古すぎるから。

つまり、時代を取り巻く前提が今の環境とは異なり、評価として比較するには条件が異なると感じられるからです。

となると、どこまで遡ればいいのかという問いに対するひとつの答えは、今と環境が揃っていると考えられる範囲までとなるでしょう。また、傾向をみるという意味では、少なくとも数年は遡ること、できれば、特徴的な動きが見えてくるまで遡ることも必要です。

〈時間軸で傾向をみる場合の基準〉
・複数年遡る
・特徴的な動きが見えるまで
・環境が同一と見込まれる範囲で

また、N数の少なさという問題があります。年度でまとまりがある数字は、1年ごとでしか比較ができません。それでも、売上のようなデータであれば、日単位、月単位の積み上げになりますので、分解をすれば比較の対象を増やすことはできます。

一方で、年に1回しか発生しないイベントなどについては、比較対象は限定的になりますし、同様に、年を通じてはじめて成果がでる「農業」などのアウトプットの比較は、限られたサンプル数の中で評価をしていかなければなりません。さらには、年に1回あるかどうかといった希少事例や、10年に一度のプロジェクトなどについては、比較の対象が見出しにくいということがあります。

また、比較という観点では、A案を実施した効果を評価するためには、本来であれば、A案を行なった結果と、A案を行なわなかった結果とを比べたいところです。しかし現実には、A案を実施してしまうと、A案を行なわなかった結果は発生しないわけで、両方の状態を直接比較することは難しくなります。このように、比較対象がそもそも見出せないケースもあります。

比較対象が見つけにくい場合は、

・類似の事例・事象を探す努力をすること
・類似性はなくとも、比較の対象として意味があるかもしれない事象を探すこと
・比較によらず、評価のための基準を別途設けて意味づけをすること

そんな努力をしていく必要があります。

▼定性的な情報の評価は状態定義で

ここまで、定量的な基準を前提に話を進めてきましたが、定性的な情報の場合、どうしたらいいのかを考えておきましょう。

たとえば、チームのモチベーションは高いのか低いのかを評価する場合のポイントを、

「今月の売上は100万円、これは高いのか低いのか」
「チームのモチベーションは、高いのか低いのか」

の2つを比較して考えてみることにしましょう。

前者は、これまで見てきたように、売上を何と比べるかを考えていけばよいですが、後者はそもそも「チームのモチベーション」とは何かを明確にしなければ、高いのか、低いのかがわからないことに、すぐに気づくはずです。売上100万円というのはすでに明確な事象ですので、先に進むことができますが、「チームのモチベーション」はそのものの定義をきちんと定めることが出発点になります。

つまり、「チームのモチベーションが高い」とはどんな状態なのかをイメージし、その状態を満たしているかどうかを考えていくというのがひとつの方策です。

たとえば、

・前向きな発言が多い
・笑顔が多い
・提案が多い……

などを考えたうえで、評価していきましょう。

ただ、ここで気をつけなければならないのは、この状態定義で満足してしまい、「提案が多いイコール、モチベーションが高い」と思考が止まってしまうことです。本来であれば、もう一歩踏み込むことが必要で、提案が何件あるのか、そしてそれは本当に「多い」といえるのかといった点について、比較対象を選びつつ評価することを心掛けましょう。

「部下からの提案が多いので、チームのモチベーションは高いと考えられます」で留めるのではなく、「部下からの提案が昨年と比べて10件も増えているので、チームのモチベーションは高いと考えられます」と評価できるようにしたいものです。

定性情報の評価についてまとめると、基本的に努力すべきは状態の定義、そして状態定義にとどまらず、定量化と基準を引き出せるまで、思考を止めないことが重要です。

▼便利なツール「アンケート」の死角

定性情報の評価に関連して、よく使われるのが「アンケート」です。

ただし、このアンケートは実は曲者です。いくつかの注意点を押さえておきましょう。

たとえば、レストランなどによく置いてあるアンケートで、「満足しましたか」という項目とともに、

⑤非常に満足　④満足　③普通　②やや不満　①非常に不満

といった5段階評価のフォーマットになっているものがあります。

このようなアンケートの結果を評価する際に、2つのポイントがあります。ひとつは、先の例でみた定義問題です。「満足」はどんな状態を指すのかということ。そしてもうひとつが、何をもって「5」なのか、あるいは「4」なのかの区別がアンケートを答える側に委ねられていることです。

アンケート結果の意味合いを見出すためには、これまで見てきたように、過去の時系列で見て上がっているか、下がっているかという傾向を掴んだり、もしくは、他の店舗との比較において、満足度が高いのか、低いのかを見たりする必要があります。そのため、単に満足度の平均点が４・５であるという情報だけでは、それが顧客が満足している状態なのか、そうでないのかは判別ができないのです。

また、満足度が「４」なのか「５」なのかは定量データのように捉えてしまいがちですが、実は顧客の主観が背景にあります。ですので、定量データというよりは、定性データと捉えたほうが、過度にアンケートに依存しすぎるというリスクを避けることができます。

また、アンケートの取り方によっても、結果が異なる可能性があります。レストランの例でいえば、机の上に置かれたアンケート用紙に料理を待っている間に何気なくつける場合と、アンケート調査と称して店員が直接聞きにきて、さらに協力料として数千円の図書カードがもらえる場合とでは、回答する真剣度は変わってくるでしょう。また、アンケート内の設問の書き方によっても集まる情報は変わりますし、選択肢が４択なのか５択なのかによっても結果が異なってきます。

したがって、繰り返しになりますが、アンケートには過度に頼りすぎないことが重要です。

また、アンケート以外では、たとえば、満足した顧客はどんな行動をとるかを具体的に考え、「満足した顧客はリピーターになってくれるはずだ」という仮説を立て、リピートしてくれる顧客の数を満足度の代替指標とすることなども手段としてあります。全体の売上のうち、リピート顧客が占めている割合を調べたりすることで、「満足」を評価することができます。客観性を持った事実として押さえられる代替指標で評価することも意識できるとよいでしょう。

▼最後は「主観」になる。だからこそ思考プロセスの透明化が大事

さて、ここまで、どのように評価すればいいのかを見てきましたが、ようやく、最終的な判断を下すことにしましょう。

まず、ここで言う「判断」とは要するに何をすることなのでしょうか。

ビジネスにおいては結局、その状態をそのままにしてよいのか、あるいは何らかのアク

ションが必要な状態だと捉えるのかを決めたいというのが、評価の目的になります。ですから、そのために必要な判断とは、それはよいことか、よくないことかを決めることに集約されます。肯定的に解釈できるか、否定的に解釈できるかと言い換えてもいいでしょう。

となると、最後の論点は、何をもってよいとし、何をもって悪いとするかという「良し悪しの基準をどうするか」ということになってきます。

「良し悪しの判断」については、売上が増えているのでよい、昨年と比べて伸びているのでよいというように、「ポジティブな事象が起こっていること＝ポジティブな評価」となることが往々にしてあります。

しかし、もう少し丁寧に見ておく必要があります。

「売上は昨年に比べ10％増えている」ということが、実際にわかったとして、これをよい状況だと捉えるか、よいとまではいえないと判断するかには基準が必要です。

仮に80％増ならば大方の人はよいと言うでしょう。一方、１％増であれば、よいというよりは「横ばい」と判断する人が多くなりそうです。つまり、１～80の間のどこかで、よいかどうかを判断する基準値が存在していると考えられます。

しかし、この基準について皆の意識を揃えることはなかなか難しい営みです。ある人は20％増えていればよいと評価するでしょうし、20％では物足りないと評価する人がいる可能性もあります。

このギャップを埋めていくためには、なぜ20という数字が良し悪しを判断するうえでの分岐点となるのかについて、理由が必要になります。理由のつけ方としては、たとえば、

・「20％という数字は、過去と比べてもトップ3に入る」といった比較の観点
・「20％達成できると投資に〇〇万円回すことができる」といった効果の具体化

というような主として定量的な（ときには定性的な）意味づけがよく見られます。

しかし、仮になぜ20％なのか定量的な根拠をおいたとしても、これで納得するかどうかは、やはり個々人それぞれであること、また、19％ではなぜだめなのかという意見に対する明確な理由づけは実は難しいことも含めると、最後の「よい」「悪い」の判断は、本人の主観による部分が大きくなってきます。

ここからいえるのは、一見客観的な評価基準を自分は持っていたとしても、当然に相手

もそれに基づいて同じように評価するはずだと過信するのは危ないということです。

したがって、評価において重要なことは透明性であり、自分は何を評価の基準としているのか、そして何をもってよい、もしくは悪いと判断しているのかをきちんと伝えていくこと。すなわち、評価の前提を明らかにして伝えきることが重要になってきます。

第3章まとめ

- 評価の肝は、対象の選択、「時間×範囲」を意識して、変数を揃えよう
- 「絶対値」を掴み、「変化と傾向」を理解しよう
- 最後は主観になる。だからこそ、透明性を

第4章

「仮説」の精度を上げる

1 事実を起点に仮説を立てる

▼〈ストーリー〉なぜ、顧客は競合他社に乗り換えるのか

主婦の口コミサイトの広告枠の営業をしている渡邉さん。これまではウェブサイトの魅力だけを伝えていれば広告枠は売れていましたが、最近は競合するサイトも増え、顧客は費用対効果にシビアになり、いかに顧客の商材とウェブサイトの親和性が高いかを提案することが重要になっています。ある日、大口顧客の担当者から「別のサイトに切り替えるつもりだ」と言われ、上司とどう巻き返すかの戦略を立てました。

渡邉「この顧客は子育て中のママ向けの商品が主力なのですが、うちが広告枠を販売しているサイトはどちらかというと結婚してまだ日が浅い若い主婦の口コミが中心な

ため、顧客は競合のサイトに変えたいと言っています」
上司「渡邉さんの話だと顧客はうちのサイトが若い主婦向けだからダメということだけど、それはなぜ？」
渡邉「顧客の商品が子育て中のママですので、そのターゲットに合った競合のサイトの方がいいということです（当たり前なのに、何で聞くんだろう？）。この顧客はもう諦めたほうがいいですか？　どうにかしてうちのサイトに広告を出し続けていただきたいのですが……」
上司「ターゲットが違うということだけれど、たとえば、子供がいない若い主婦でもこれから子供が生まれることもあるよね？」
渡邉「そうですけど、顧客が自社のターゲットに合うサイトに広告を出したいのは普通だと思うんですよね……」
上司「それは顧客の担当者が今はそう考えているというだけだろう？　それを『普通だ』とうのみにしていては始まらないぞ」

▼事実と意見を分けよう

「仮説」について考えていくにあたり、最初に「事実」と「意見」について整理しておきましょう。

笑顔で話しているAさんを見て、Aさんは喜んでいるとあなたは感じたとします。目の前で笑顔で話しているわけですので、喜んでいるという判断は間違ってはいないでしょう。ただ、事実かどうかという観点では、Aさんは「喜んでいる」のではなく、Aさんは「笑っている」ということになります。

「Aさんは笑っている」（事実）
「Aさんは喜んでいる」（意見）

ちょっとした違いではありますが、事実は、誰が見ても変わらないもの、起こっていること・事象であり、意見は、その事実をどのように捉えるか、考えている本人の解釈が入った状態であるといえます。

会話においては、「Ａさんは笑っていたよ」と伝えても、「Ａさんは喜んでいたよ」と伝えても、どちらでも同様の情景が伝わりますし、メッセージを受け取った側も、「笑っていたのか」「喜んでいたのか」を厳密に区別して聞くこともありません。

一方で、仮説を考える際に、事実から仮説を考えるのか、意見から仮説を考えるのかには、大きな差があります。そして、まず押さえないといけないのは「事実」です。したがって、ここからは「事実」を元に仮説を考えることにしていきたいと思います。

▼仮説には「起点」がある

仮説を考えるにあたり、もうひとつの論点を押さえておきましょう。それは、きっかけとなる何かが必要になるのか否かです。

たとえば、雨が降ってきたとしましょう。それを見て、「明日も雨は降り続きそうだな」という考えが頭をよぎったとすると、これは雨を起点として「明日はこうなるだろう」という仮説を考えたことになります。

一方で、起点になるものはなく、ただ単に思いつくというプロセスもなくはありません。思いつく場合にも厳密にはなんらかの過程があり、頭の中がまったく白紙の状態から何かを思いついているわけではないという考え方もありますが、本人には自覚がなく、よって明確な起点もなく、何かを思いつくということもゼロではありません。ただし、「理屈がわからないものを起点に何かを考えだす」という行為は、再現性という意味では、難しい行為です。また、他者との共有、理解という意味でも、「よくわからないのだけれど、こんなことをひらめいた……」というアイデアは、納得感をもって受け容れられるかはわかりません。

したがって、本書では、何らかの起点となる情報があって、そこからどんな仮説を立てるのかということに絞って考えていくことにします。

2 「仮説」とはどんな思考か

▼〈ストーリー〉昨年5%成長していれば、今年も5%成長するか

医療機器メーカーの営業企画部に所属している安井さんは、来年の売上目標をいくらに設定するか、企画部長と決める会議の真っただ中です。企画部長は今年1月に赴任してきたばかりで、数字の設定は安井さんに任されていました。

安井「過去5年の売上実績ですが、毎年5%程度安定的に成長しています。3年前に出した新製品が好調で既存製品の売上の落ちをカバーしています。来年も5%程度の成長で売上目標を立てようかと思います」

上司「ちょっと待ってくれる？　安井さんはどういう理由で5%の成長と考えているんだっけ？」

安井「ですから過去5年のトレンドから5%程度と見積もっています。来年は新製品が出るわけでもないですし、なかなか予測は難しいので」

上司「昨年までの動きが今年も続くという前提が私にはよくわからないな。競合の新製品情報はどう？　既存製品の落ち込みはこれまで以上に落ち込むということはな

い？　営業から情報は取った？」
安井「（どうしてわからないのかな……）わかりました。一応営業にはヒアリングをしておきますね」

後日、安井さんが営業部長に今年の売上の状況や顧客や競合に変化がないかを聞いたところ、競合が新製品を開発するべく主要な顧客がテストに参加しているとのことでした。その製品が発売されると既存製品の落ち込みは相当なものになると部長が教えてくれたのです。

安井さんは「聞いておいて正解だった……。でも伸びると思っていたのにこういうこともあるんだな」と安堵のため息をつきました。

▼「過去」「現在」「未来」——仮説には3つの方向がある

ここからは仮説を扱っていきますが、「仮説」とは何かについて、少し触れておきます。

ビジネスにおいては、何らかの事象に触れる機会は数多くありますが、その事象を起点に、さまざまな仮の答えを考えることができます。実際に確認できた訳ではありませんので、「仮」の「説」になる訳ですが、「仮説」を考えられるからこそ、「何を調べればよいか」の見当がつき、スピードをもって効率よく物事を判断することができます。それでは、実際にどのような仮説があるのか、見ていきましょう。

首都圏で今、商品Aの売上が前月比で10％増えているという事実が判明したとしましょう。

「首都圏で商品Aの売上が前月比で10％増えている」という事象を起点にどんな仮説が考えられるでしょうか。たとえば、

「商品Bの売上も増えているのではないか」
「商品Aの売上は関西圏でも増えているのではないか」

といった仮説の場合、起点の事実から、現在、起こっていそうなことを類推するというものになっています。

では、次に、たとえば、

「この増加は、しばらく続くだろう」
「商品Bの売上も増えることになるだろう」

という仮説を立てたとします。これらは、いずれも、起点の事実から予想し、未来のことに対して仮説を立てていることになります。

そして、最後に同じく、「首都圏で商品Aの売上が前月比で10％増えている」という事実から、

「プロモーションがよかったからだろう」
「顧客の志向が変わってきたからだろう」

と仮説を立てたとしましょう。これらは、起点となった事実の原因を過去に遡って考えているということになります。

図表４－１

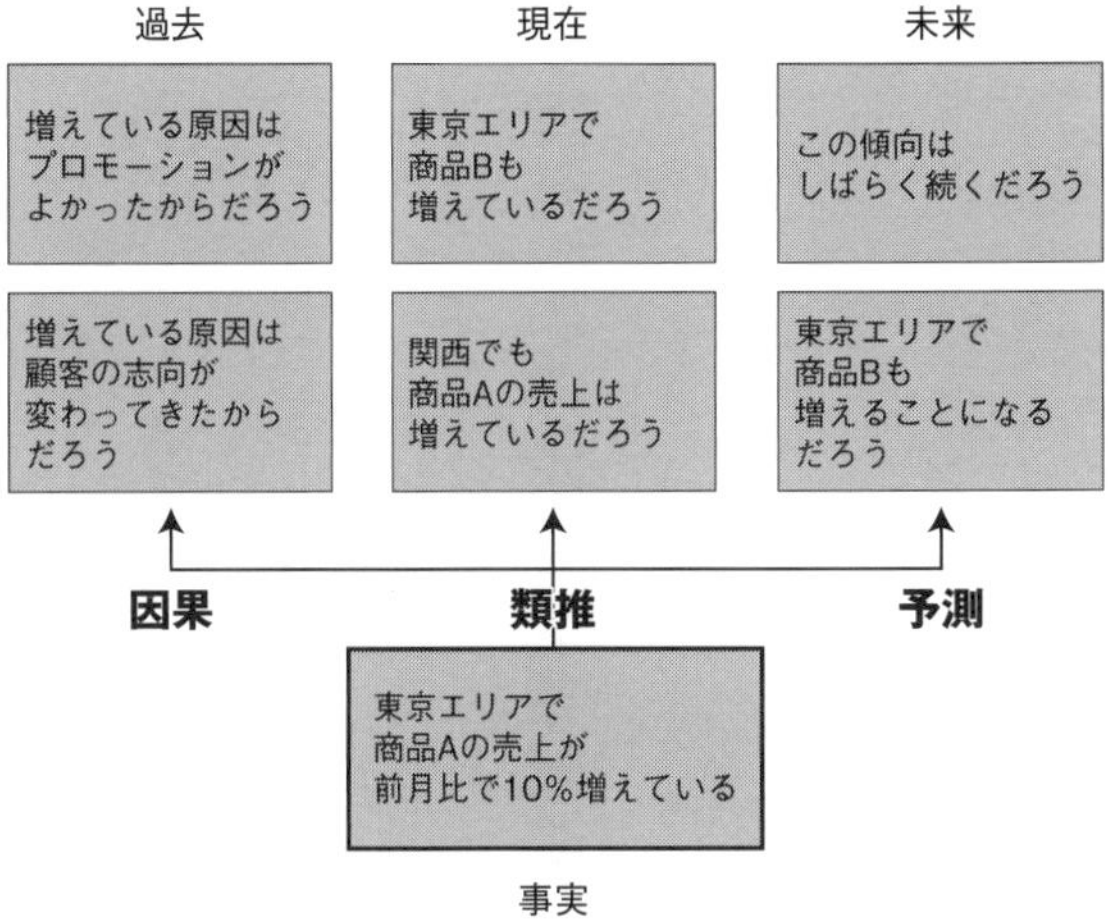
過去
現在
未来
増えている原因は
プロモーションが
よかったからだろう
東京エリアで
商品Bも
増えているだろう
この傾向は
しばらく続くだろう
増えている原因は
顧客の志向が
変わってきたから
だろう
関西でも
商品Aの売上は
増えているだろう
東京エリアで
商品Bも
増えることになる
だろう
因果
類推
予測
東京エリアで
商品Aの売上が
前月比で10%増えている
事実

図表４－２

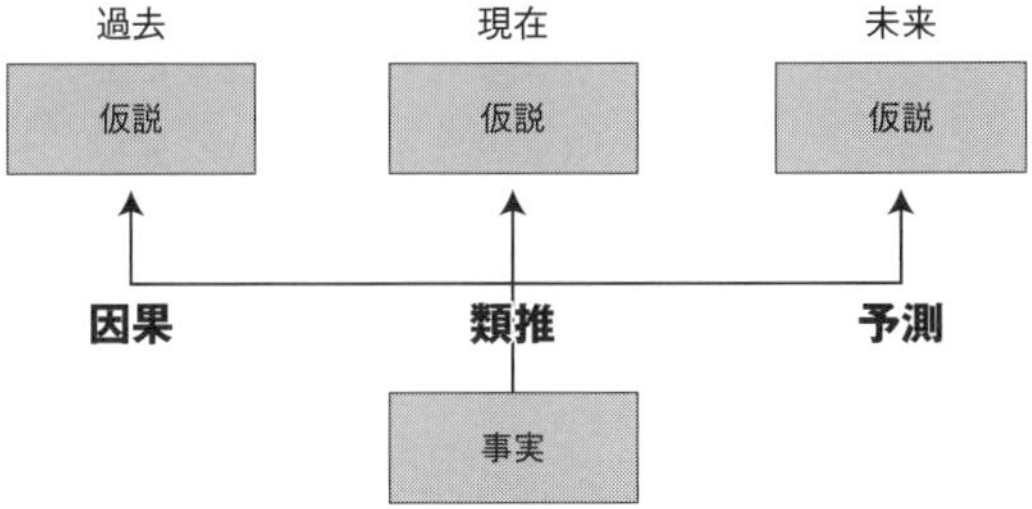
過去
現在
未来
仮説
仮説
仮説
因果
類推
予測
事実

つまり、仮説には、起点となる事実から「現在へ向けて」「過去へ向けて」「未来へ向けて」というように大きく3つの方向性があるといえます。そして、それぞれの方向の背景にある頭の使い方は、現在へ向けては類推、過去へ向けては因果関係の推定（ここでは簡便に「因果」と呼びます）、未来へ向けては予測ということになります（図表4－1、4－2）。

3 現在への仮説とは「類推」のことである

▼類似性を探し、範囲を拡張する

さきほどの、「首都圏で商品Aの売上が前月比で10％増えている」という事象を起点に考えた、2つの仮説を丁寧に見ていきましょう。

「商品Bの売上も増えているのではないか」
「商品Aの売上は関西圏でも増えているのではないか」

まず、ひとつ目の「商品Bの売上も増えているのではないか」という仮説は、商品Aという対象を商品Bに拡げて考えているということになります。

なぜ、商品Bも同様の傾向があると考えたのかについては、たとえば、

・商品AもBも同じ顧客層をターゲットにしている
・商品AもBも販促に力を入れている

ということから、商品Aにも起こったことは商品Bにも起こるだろう、つまり、商品AとBに関する類似性を探し、仮説を導いているということになります。

2つ目の「関西圏でも増えているのではないか」という仮説は、首都圏という範囲を関西圏に拡げて考えているということになります。

なぜ関西圏でも同様のことが起こっていると考えたのかについては、たとえば、

・首都圏と同様、関西圏も都市部であること
・首都圏と同様、関西圏でも販促に力をいれたこと

など、今度は、首都圏と関西圏に関連する類似性を探し、仮説を導いているということになります。

このように、現在へ向けての仮説は類推、その字の通り、起点となる事象から類似性を探し、対象や範囲を拡張していくということがその発想の基本となります。

4 過去への仮説とは「因果」を特定することである

▼「原因」と「結果」とのつながりは見えにくい

現在から過去へ向けて仮説を立てる際の頭の使い方には、大きく2つあります。

ひとつは、前項の「現在へ向けて」でも出てきた「同様のことが起こっていたのではと類推すること」、もうひとつは「目の前の事象はなぜ起こっていたかを考えるもの」です。時間軸に沿って考えることになるので、順序が明らかになり、原因と結果というつながりが見えてくるのです。

たとえば、社員のモチベーションが下がっているという現在の事象から、過去にも同様のことがあっただろうと考えるのが「類推」で、なぜ社員のモチベーションが下がっているのだろうと考え、信頼していた上司が異動になったからだろうと推測するのが「因果」となります。

ビジネスにおいて、過去に同様のことが起こったかもしれないという類推は、何かの検証や確認のために行なうことはありますが、過去へ向けての仮説が求められるのは、多くの場合、現在の事象がなぜ発生しているのかの因果関係を特定し、未来につなげるためですので、ここでは、過去へ向けた仮説は、因果に限定して考えていくことにします。

▼【ポイント①】本当に因果関係があるのか

因果関係を押さえる。すなわち、結果とその原因を考えるというのは、非常にわかりやすい概念です。たとえば、

「A部署の業績が下がっている」（結果）
「先月、A部署のエースであったXさんが異動で、海外に転勤したからだ」（原因）

起こっている結果に対して、その結果を引き起こすことになった原因がある――この関係性を因果関係といいます。

ただこの例のように簡単に因果関係を押さえられることは稀《まれ》で、実際にはそう簡単なことではありません。ですから、ここからは、因果関係を押さえる際の留意点について考えていきたいと思います。

ひとつ目は、本当に関係があるのかというポイントです。

図表4－3

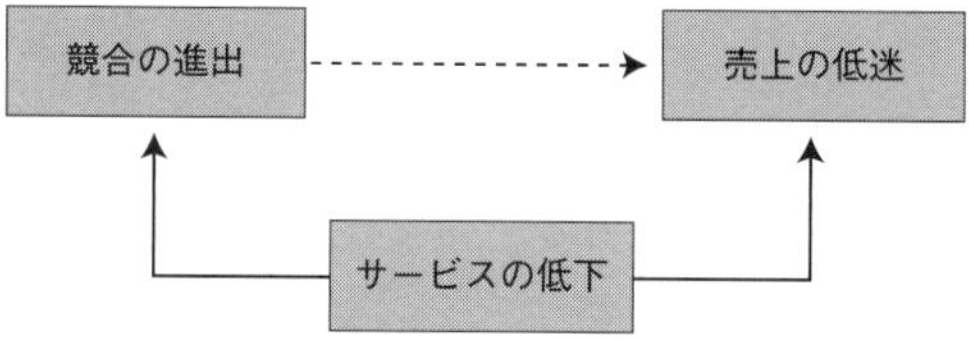

たとえば、売上が低迷しているという事象が発生しているとしましょう。その原因を考えてみると、売上が低迷しはじめた時期に海外から新たな競合が進出してきたという事実があったことから、売上低迷の原因は、競合の進出であろうと予測することができるかもしれません。

ただ、実際には、売上低迷の前から提供するサービスの品質が徐々に低下しており、顧客が離れていっていることが真の原因で、競合はそのサービスの低下を認識しており、進出の機会をうかがっていたということも考えられます（図表4－3）。

したがって、たまたまタイミングが一致し、定性的な解釈が成り立つからといって、それが原因だと断定することは早計ともいえます。本当に2つの事象の関連性は「原因と結果」なのか、2つの事象の両方に影響を与える別の要因はないのかをしっかり確認するようにしましょう。

図表4－4

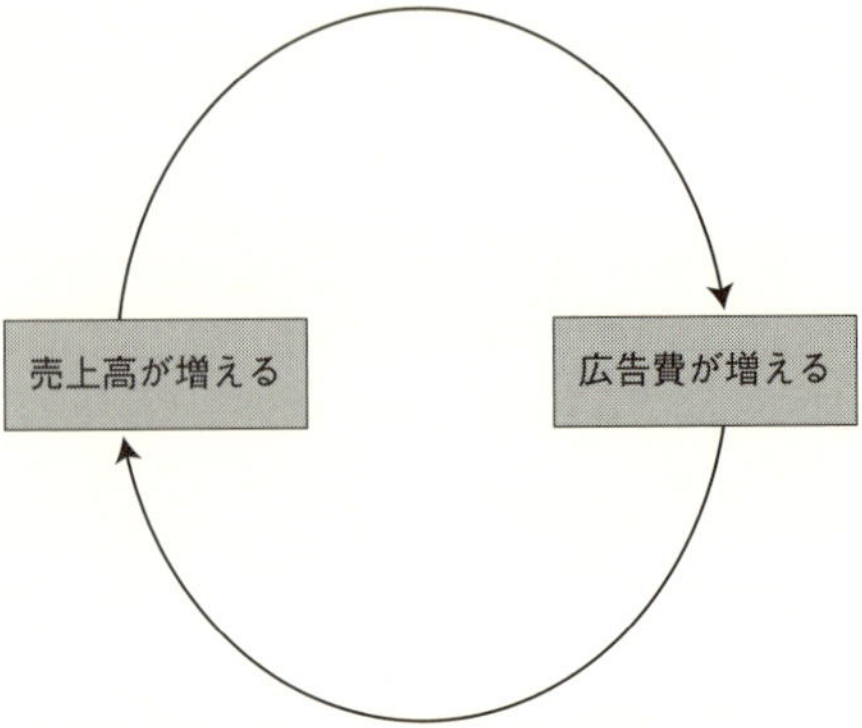

▼【ポイント②】順序は正しいか

2つ目の留意点は、いわゆる「チキン―エッグ」といわれるものです。にわとりが先か卵が先か、原因と結果が双方に影響を及ぼしあうような場合です。

よく引き合いに出される例に、「売上の増加」と「広告費の増加」があります。売上が増加したので、その結果、広告費が増えたともいえるし、広告費が増え、広告をうった結果売上が増えたともとれるし、どちらが原因でどちらが結果であったのかの判別が難しいケースです（図表4－4）。

また、明確なチキン―エッグではなくとも、両方の可能性がある場合もあります。たとえば、人間の能力の開花について。

「リーダーの素養があると見込まれたので課長に任命されたのか」

「課長に無理やり任命されたので、そのポジションに見合うよう努力した結果、リーダーシップが身についたのか」

　リーダーシップの発揮と課長への昇進については、どちらも原因たりえますし、どちらも結果だと捉えることもできます。因果関係を考える際は、順序をきちんと押さえていくことが重要になってきます。

▼【ポイント③】本当に原因は「それ」なのか（複数候補）

　では、次の例を見ていきましょう。

「A部署の部員のモチベーションが下がっている」（結果）

原因の候補としては、次の2つ。

「部長が先月、変わった」（原因候補1）
「人事評価が先月あった」（原因候補2）

さて、どちらが原因かということを考えなければなりません。
最初の例のように、原因と想定される要素が明らかにひとつの場合には原因の特定は比較的容易ですが、今回のように、原因の候補が複数ある場合には、特定の難易度は一段あがることになります。

▼【ポイント④】本当に原因は「それ」なのか（時間軸）

会議に遅刻したことで、部長にひどく怒られたという事象を考えてみましょう。
因果関係としては、部長が怒ったというのが結果で、その原因は、会議に遅刻したこと

図表４－５

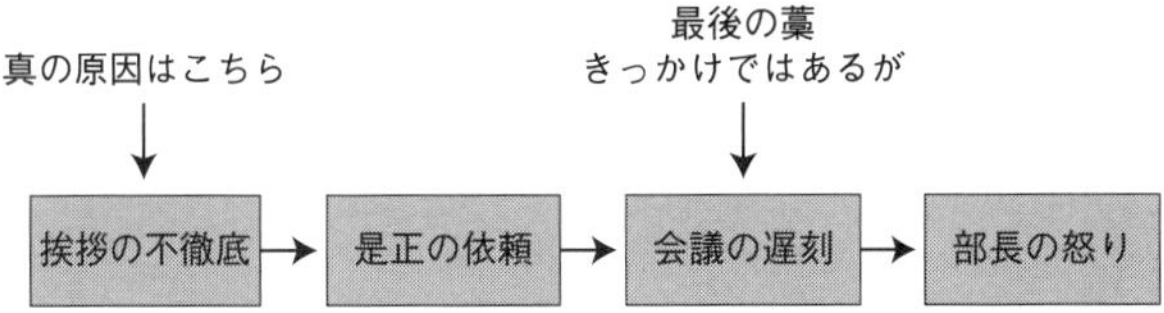

といえそうです。

ただ、たしかに一見するとそのとおりなのですが、部長が怒った真の原因は、挨拶の徹底が普段からなされていないことを問題に感じていたことにあり、さらには課長層に風紀の乱れをしっかり正すようにミーティングで伝えていたにもかかわらず、たまたま、目の前で起こった会議の遅刻という事象が怒りの起点となってしまったとします。

こうした状況のことを「最後の藁《わら》」と言ったりします。本質的な原因は別のところにあるにもかかわらず、直近のとある出来事が結果を呼び起こすきっかけになってしまうという現象です。

したがって、目の前に見えている結果とその原因らしき事象は、実は表面的なものでしかなく、真の原因は別のところにあるケースもありうるのです（図表４－５）。

図表4－6

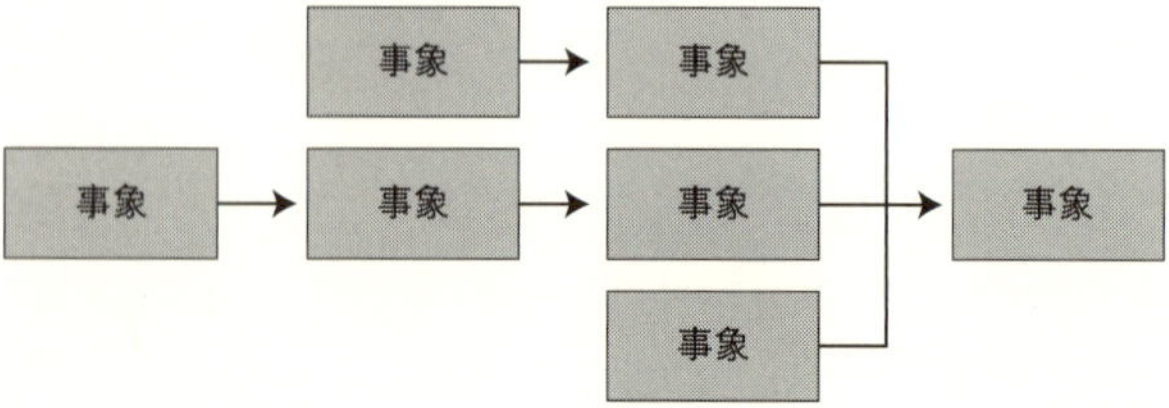

▼【ポイント⑤】本当に原因は「それ」なのか（複数候補×時間軸）

そして、実際には、その3とその4が組み合わさって、遡って考えなければならない範囲と候補の範囲の両方が広がってしまうことが頻発します。つまり、真の原因を特定するということは、これら複数の候補の中からひとつを選ばなければならないことを意味し、これが実際には、大変難しい作業となるのです（図表4－6）。

▼【ポイント⑥】本当に「それ」で説明できるのか

「顧客からのクレームが増えている」という結果をもたらした原因を調べてみたところ、提供しているシステムに不備があることが判明したとします。原因が特定できたので、システムを改修しましたが、クレームはなくならない……。引き続き調査をしてみると、ある営業所の対応がよくないということも原因であるということがわかりました。

この事例は、

「クレームが増えている」（結果）
「システムの不備」（原因）

という因果関係だけで説明できるものではなく、実は、クレームには2種類あり、それぞれ、

「システムの不備が原因によるクレーム」（結果）
「営業所の対応のまずさが原因によるクレーム」（結果）

というように、原因が違ったという場合です。したがって、因果関係が特定できたかの

ように見えたとしても、それですべてを説明できているのかという視点を持っておく必要があります。

▼【ポイント⑦】検証することの難しさ

幾多の困難を乗り越えて、原因と想定されるものが特定できたとしましょう。その次にある「検証」が最後のハードルです。

まず、「検証」について考える際に留意しておくべきポイントがあります。それは、定性的に原因を推定するのみに留まらざるを得ない状況があるということです。

たとえば、プログラムの不備のような現象に対しては、特定された原因を取り除いて実行させ、正常に動作を確認するということはできます。

しかし、たとえば、モチベーションの低下の原因が評価制度にあったと特定できたとしても、時間軸を巻き戻して確認することはできません。また、仮に評価制度を修正したとしてもすぐにその効果を検証することもできません。これが、定性的に原因を推定するのみに留まらざるを得ない状況です。

▼【対策①】視覚的に構造化してみる

前述のように、実際には厳密に原因を特定することが難しいケースが多いのですが、「おそらくそれが原因であろう」ということに行きつくための方策はいくつかあります。そのひとつ目が構造化するというアプローチです。

原因を突き止めるためには、時間軸で遡り、上流（前）にあったことを突き止めるというアプローチが自然です。先の例でいうと、部長が怒っている原因はどこにあるのかを、目の前の事象を起点に遡って考えてみるというアプローチになります。

ここで、次の5つの事象を因果関係でつないでみましょう。

「残業が多い」
「夜、眠れない」
「仕事の効率が上がらない」
「成果がでない」

図表4－7

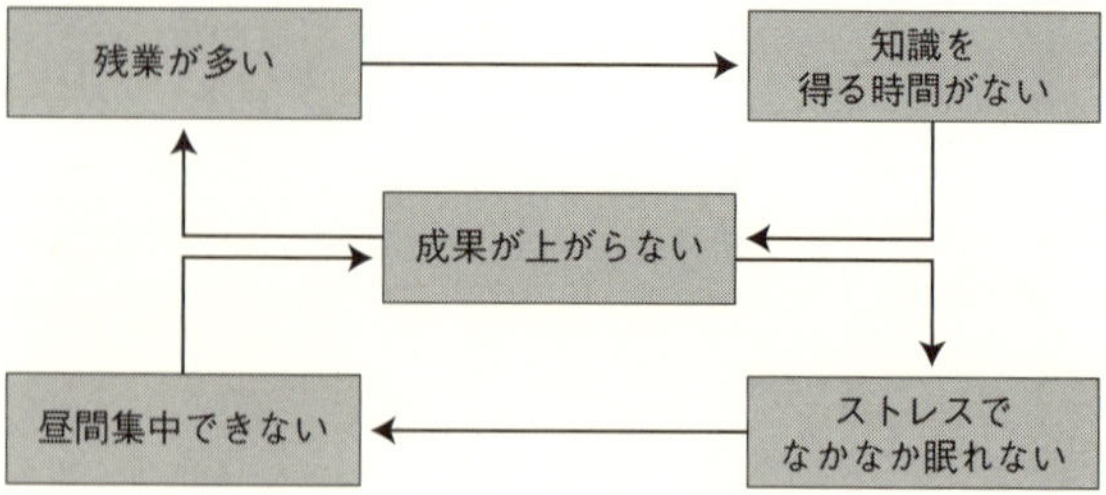

「学ぶ時間がない」

さきほどの例とは違い、一直線上には並びませんでしたが、事象の関係性は視覚的に押さえることができます。悪循環のサイクルを可視化することで、どこかで悪循環を切らないことには始まらないという示唆へもつながります（図表4－7）。

このように、視覚的に構造化することで、事象間のつながりを認識しやすくなりますので、是非、心がけてみてください。

▼【対策②】仮説構築にも「分解」が役に立つ

分解の章でも述べましたが、原因を特定するためには、何が起こっているかをきちんと把握することが大切です。

たとえば、以下のように若手の離職が増えているということが問題で、その原因を考えることにしましょう。

前々年度：採用者数１００名／離職者４名
前　年　度：採用者数１００名／離職者４名
今　年　度：採用者数１００名／離職者８名

ここでいきなり「なぜ、離職が増えているのか」を考えてしまいがちなのですが、離職がどのように増えているのかをしっかりと把握することが大切です。

離職者の内訳を部門別に分けてみた結果、

前々年度：離職者４名（A部署１名／B部署１名／C部署１名／D部署１名）
前　年　度：離職者４名（A部署１名／B部署１名／C部署１名／D部署１名）
今　年　度：離職者８名（A部署１名／B部署１名／C部署１名／D部署５名）

といった状況になれば、Ｄ部署に起因する原因（部長の指導力に問題があり、部全体の活性度がよくない）などが原因だと想定することができます。

また、営業職か技術職か職務別に分けてみると、

前々年度：離職者４名（営業職２名／技術職２名）
前年度：離職者４名（営業職２名／技術職２名）
今年度：離職者８名（営業職２名／技術職６名）

ということであれば、技術職に固有の原因（先輩からの指導が十分に受けられない、他社からの引き抜きなど）が原因だと考えられます。

このように、根気強くしっかりと分解をしていくことが、筋のいい仮説にたどりつくひとつの方策なのです。

▼【対策③】３つの視点で因果を特定する

因果関係を明らかにしていくためには、まず定性的な要因を漏れなく出していくこと、分析の章でも触れた「コトの分解」（74ページ）を使って、原因を洗い出していきましょう。

そして、定性的な因果関係が押さえられたら、定量的にも説明がつかないかという点について努力してみるようにしてください。

この過程では、少なくとも、「関連して変化するか」「時期は合っているか」「説明できるか」という3つの視点が有用ですので、覚えておきましょう。

〈関連して変化しているか〉〈相関を押さえる〉

因果関係があるという場合には、その事象間には相関関係があります。因果関係は原因と結果ですが、相関はもう少しゆるい条件で、片側の要素が上下するときにそれに応じてもうひとつの要素が上下して動くという関係性のことです。

したがって、因果関係がある程度見込まれる場合には、相関もあることになります。たとえば、若手の離職の原因は、モチベーションの低下だろうと定性的に考えたのであれば、若手の離職の変化とモチベーションの変化が連動していることを確認できれば、説得力を増すことができます。

〈時期は合っているか〉

加えて、時期も重要です。因果関係があるということは、最低限、原因は結果に先んじる必要があります。さらに、原因となる事象が発生したタイミングと結果として起こっている事象が発生したタイミングを定量的に押さえるようにしましょう。もちろん、原因と結果にはタイムラグがあることも考えられますので、その間隔が説明できるものかどうかという視点も持つようにしましょう。

〈説明できるか〉（改善感度）

最後に、意外に疎《おろそ》かになるのが、定量的に説明できているかという視点。対策の実行フェーズにおいて、どのくらいの効果が得られそうなのかといった試算をすることはありますが、原因の究明のタイミングでの試算は見落とされがちです。見えてきた原因がクリアになった場合に、どれだけ結果が改善されそうなのかについて試算をするよう心がけましょう。

これによって、今特定されつつある原因だけで説明できるのか、もしくは、他の要因も考える必要があるのかの判断が可能になります。

▼成功しているときの「なぜ」も大切

・顧客からのクレームが増えている
・廃棄ロスが多い
・目標未達が続いている
・タイムリーに情報が共有されない

こういった事象を目にすると、我々の頭には「なぜ」と問いが立ち、事象を引き起こしている原因を考える方向に動いていきます。

一方、次のように、物事が順調に進んでいる場合には、あまり「なぜ」という問いは立ちません。

・顧客からのクレームが少ない
・廃棄ロスは基準以下である
・目標はきちんと達成できている
・情報はタイムリーに共有できている

では、劇的なプラスの変化が起こった場合はどうでしょうか。

・顧客からのクレームが著しく減っている
・廃棄ロスは基準以下に大きく減っている
・目標を大幅に超えて達成できた
・情報共有のタイミングと精度があがった

劇的な変化であれば、「どうしてうまくいったのだろう」と、その理由を解明しようという方向に思考が振れる可能性もありますが、ものごとが偶然よくなるということはあまりありません。通常はよくするために意図したアクションが事前にあって、その結果、事

図表４－８

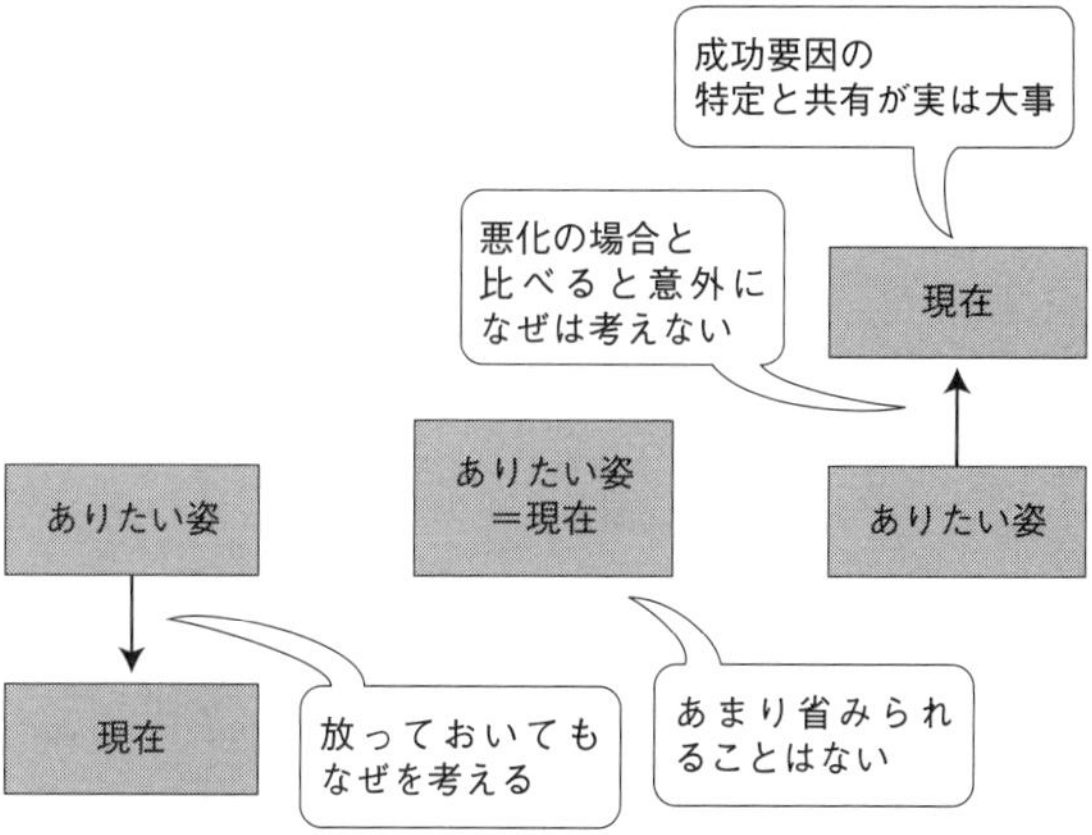

態が好転するという順番になるため、因果がある程度予測できているものです。

事象が悪化している場合に比べると、好転している場合に因果を振り返る機会が少ない理由は、そんなところにもあります。つまり、成功要因が何だったかは、意外に探求されずじまいなのです（図表４－８）。

しかし大事なのは、悪いことが起きた理由だけでなく、うまくいっている場合についても理由を押さえようと努力をすること。プラス側のギャップにも敏感になり、そのギャップを生み出しているものが何なのかを、仮に見当がついていたとしてもしっかり拾っていくことなのです。

ともすると人間は悪い側だけに目を向けが

ちになりますが、よりよい成果へ組織全体を導いていくという意味では、実はプラス側も重要です。両方の視点をバランスよく評価できるようにしましょう。

▼「説明がつかないもの」を受け容れよう

さて、この因果の特定という考え方に関して、世の中で大きな変化が生じてきています。

データを圧倒的なボリュームで獲得できるようになったこと、コンピュータの処理性能がそのデータ量に対応できるようになってきたことから、これまで算出できるとは思えなかったくらい広い範囲で、事象間の関連性を数値的に算出できる環境が整ってきているのです。

そういった環境下においては、人間が、因果関係を特定しようと努力する前に、コンピュータが、ある事象とある事象の間には関連性があるということを見つけてくれます。

そうなると人間に求められる役割は2つ。

ひとつは、その関連性に因果関係があるのかという定性的な解釈をつけることです。原因と結果として成り立つかどうかという判断です。

一方で、コンピュータが見つけてくる関連性に対して説明がつかないものも多数あります。そのとき、人はどうふるまうべきでしょうか。これが人に求められるもうひとつの役割です。説明がつかないので棄却する、もしくは説明がつかないけれど、関連性があることは事実として捉え、意思決定に思考を進めていくことのいずれかのスタンスが求められます。

説明がつかないことは受け容れられないのが人の性向ですが、説明がつくことだけを思考の対象にしていると、考える範囲を限定してしまうことにつながりかねません。コンピュータがみつけてくる関連性を事実として受け止め、思考をスタートさせることができるかどうかも、今後求められる頭の使い方になってきます。

5 未来への仮説とは、「予測」することである

▼「経験則」と「関連性」

さて、それでは仮説の本丸、未来への予測について、これまで同様、例を元に考えていきましょう。

まずは、「ダイエット本が売れている」という事実が確認できたとします。これを踏まえ、未来に何が起こるかを予測してみましょう。

たとえば、過去において、ダイエット本の売れたあと、「玄米ブームが到来し、玄米の売上が伸びた」ということがあったとすると、「ダイエット本が売れると玄米ブームが起こった」という経験則に基づいて、玄米ブームが来るだろうと予測することが考えられます（図表4－9）。

「A」ならば「B」という経験則は、今回の場合、A＝「ダイエット本が売れる」、B＝

図表4－9

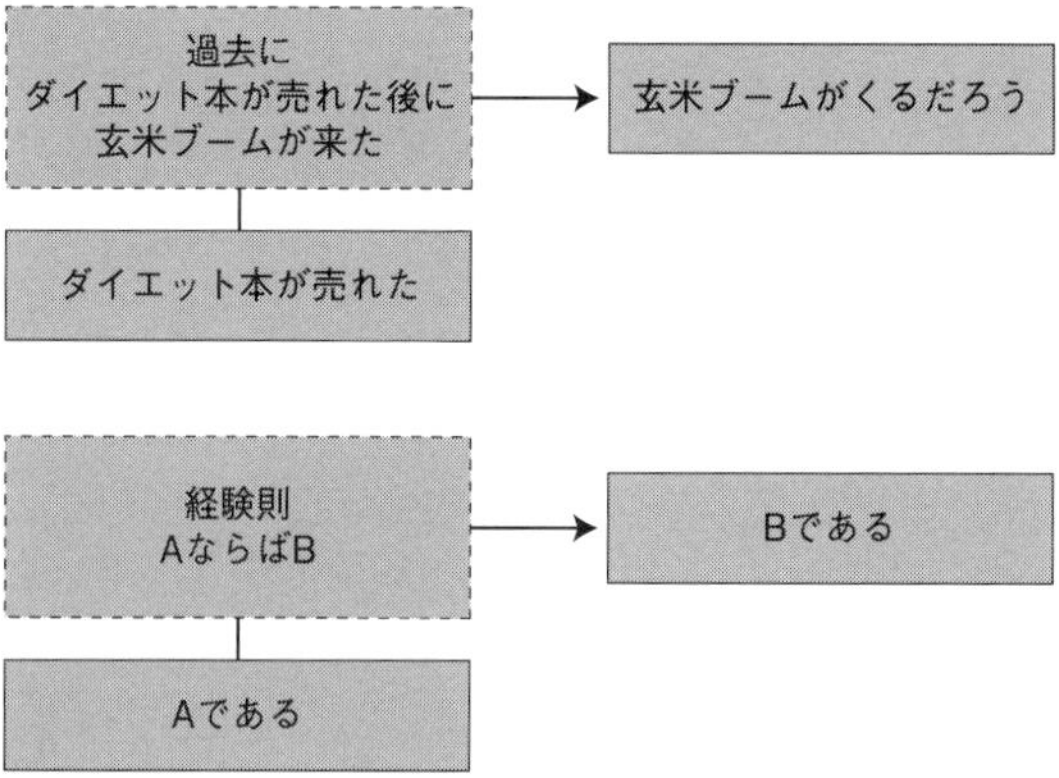

「玄米ブームが来る」となります。そして頭の中では、「A」という事実を確認し、「A」ならば「B」という経験則を適用し、「B」という事象を予測しているということになります。

もうひとつのパターンが、ダイエット本が売れるのであれば、ジョギングが流行るのではないかとダイエットと関連性がありそうな内容を予測するというもの（図表4－10）。ジョギング以外にも水泳やヨガなどが考えられそうです。ジョギングや水泳、ヨガに関連しそうだと考えること自体が過去の経験の影響であり、経験則の一種ではないのかとも考えられるため、厳密には切り分けは難しいのですが、前者で述べたような明らかな経験則とは別に、関連性を元に起こりそうなことを予測するという頭の使い方もあるといえるでしょう。

図表４－10

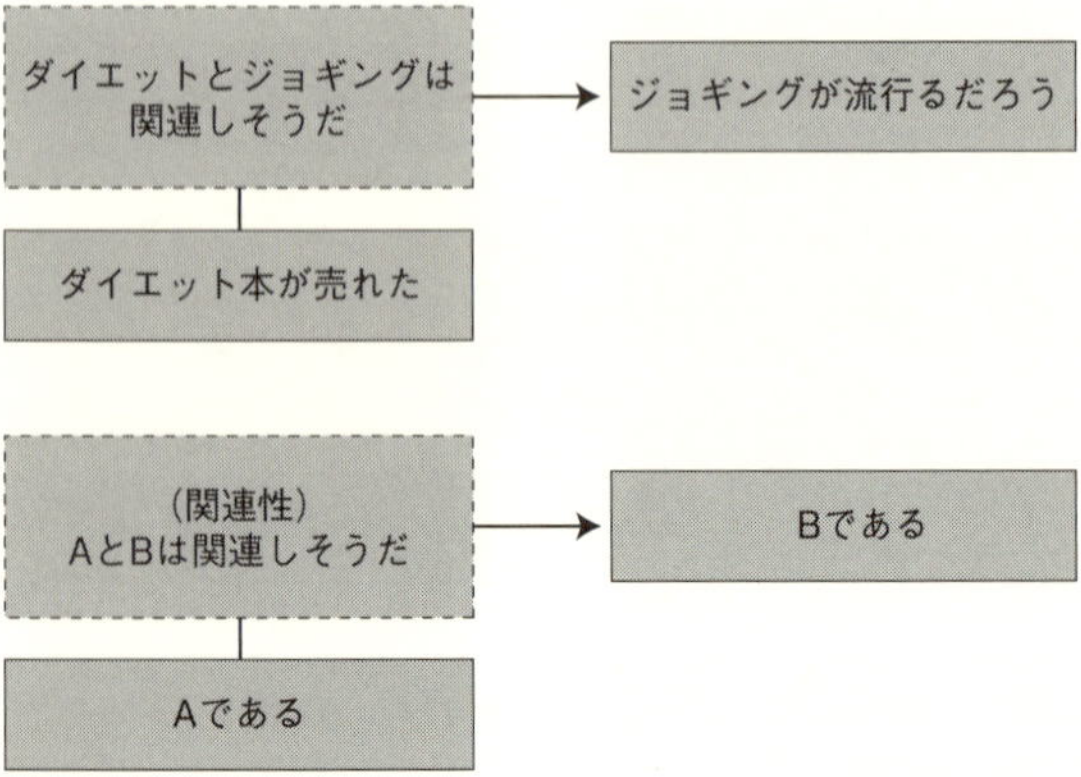

▼その予測に「再現性」と「適合性」はあるか

さてそれでは、さきほどの「ダイエット本が売れたので、玄米ブームが来るだろう」について、もう少し詳細に見ておきましょう。

経験則を元に予測をしているので、問われることは、その経験則の妥当性、つまり、「本当にそれは経験則として正しいのか」というチェックを受ける必要があります。たまたま起こったことではないか、法則として、再現性がどこまであるのかをしっかり見極めなければなりません。

図表４－11

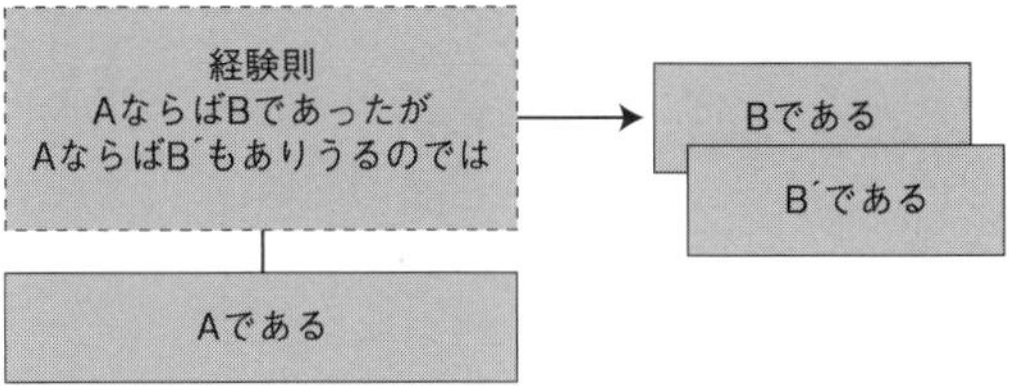

たとえば、「ダイエット本が売れる⇒玄米ブームが来る」の因果関係を丁寧に見ていくと、

・ダイエット本の高まりは、太っている体重をなんとか減らしたいという意識の現れである
・玄米は白米に比べると太りにくいということから、太らないための手段になる

こう考えると、つながりは成り立ちそうです。ただし、太らないための手段は必ずしも玄米だけとは限りません。今回同じようにダイエット本が売れ、体重を減らしたいという意識が現れたからといって、過去においてはたまたま玄米だったけれども、今回は他の手段が浮上するのではないかという論点がひとつ出てきます。手段の再現性という意味では、前回のモノに特定されないのではないかということです（図表４－11）。

図表4－12

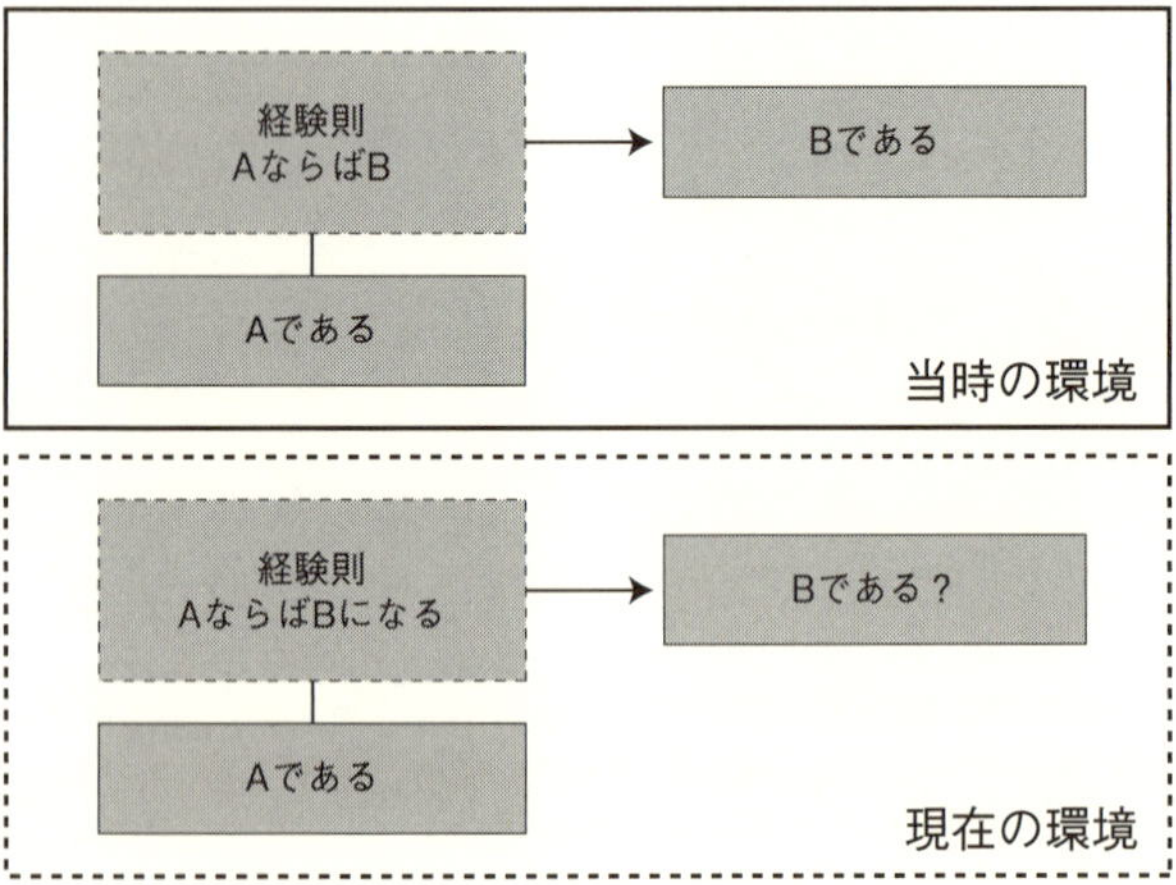

もうひとつ大切なのが、適合性。経験則は経験というくらいですから、過去に起こったことです。過去に起こったことが現在もしくは未来において再び起こるとは限らないのは、環境の変化が影響する可能性があるからです（図表4－12）。

たとえば、前回の玄米ブームが来たのは、ちょうど、ダイエット本が売れていた時期に、食の安全性が問われるような事件がたまたま発生し、その事件をきっかけに、食への関心が高まった結果、玄米が注目された、というようなケースです。

これは、どこまでを経験「則」の中にいれるのかという議論にもなりますが、その経験則が成り立っていた前提（環境）は何なのかまでをしっかりと考慮に入れて、予測の妥当性を吟味していく必要があります。

経験則をもとに予測する際は、「その経験則はどこまで再現性があるのか」「その経験則は今でも通用するのか（適合性）」について、しっかり注意するようにしましょう。

▼その予測に「前提の共有」はあるか

では、もうひとつの流れ、関連性による予測を考えておきましょう。

ダイエット本が売れたので、ジョギングも流行るのではないか。この論理の背景を紐といていきましょう。

どのようなつながりが頭の中にあって、ジョギングも流行るのではという予測を出しているのか――ひとつの可能性を丁寧につなぐと、たとえば以下のような流れを想定することができます。

「ダイエット本が売れているのは、やせたい希望を持つ人が多いからだ」

図表４－13

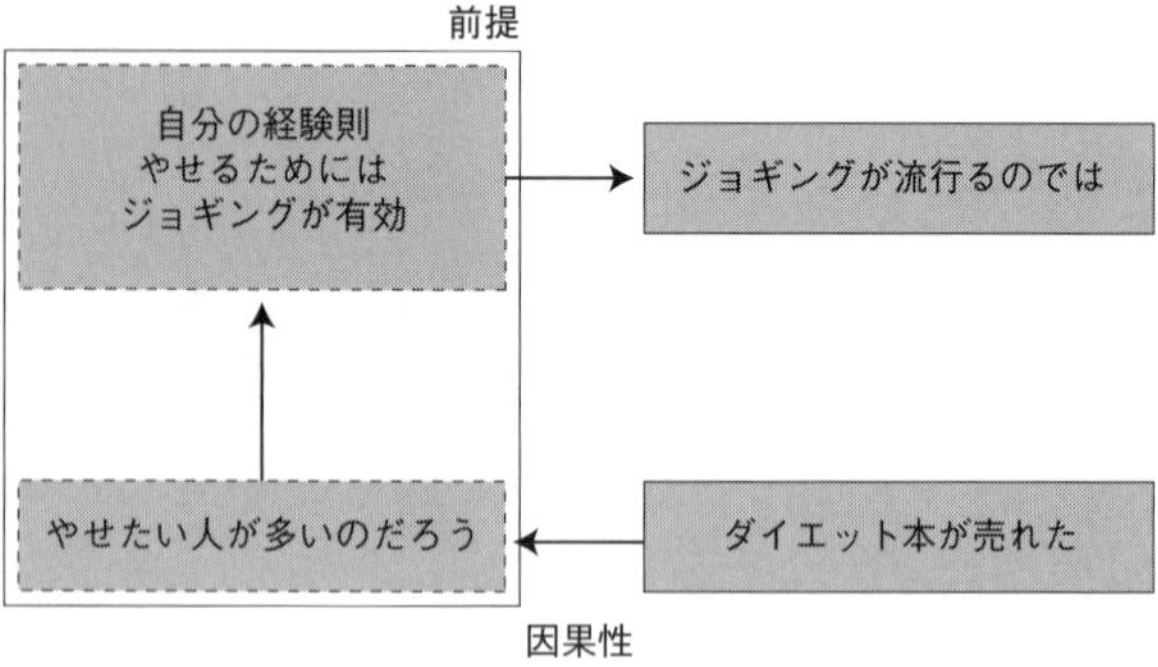

「ジョギングはやせるための一手段」

「したがって、過去に事例はないけれど、ジョギングブームが来るのではないか」

この流れをここまで紹介してきたつながりで整理すると、起点となる事実は「ダイエット本が売れている」。

そして、「ダイエット本が売れているのは、やせたい希望を持つ人が多いからだろう」というのは、その事実に対して原因の仮説を立てていることになります。

ジョギングはやせるための一手段というのも、「やせるならばジョギングも有効」という自分の経験則だったりします。それを、やせたい希望を持つ人が多いという原因に関連づけているという

図表４－14

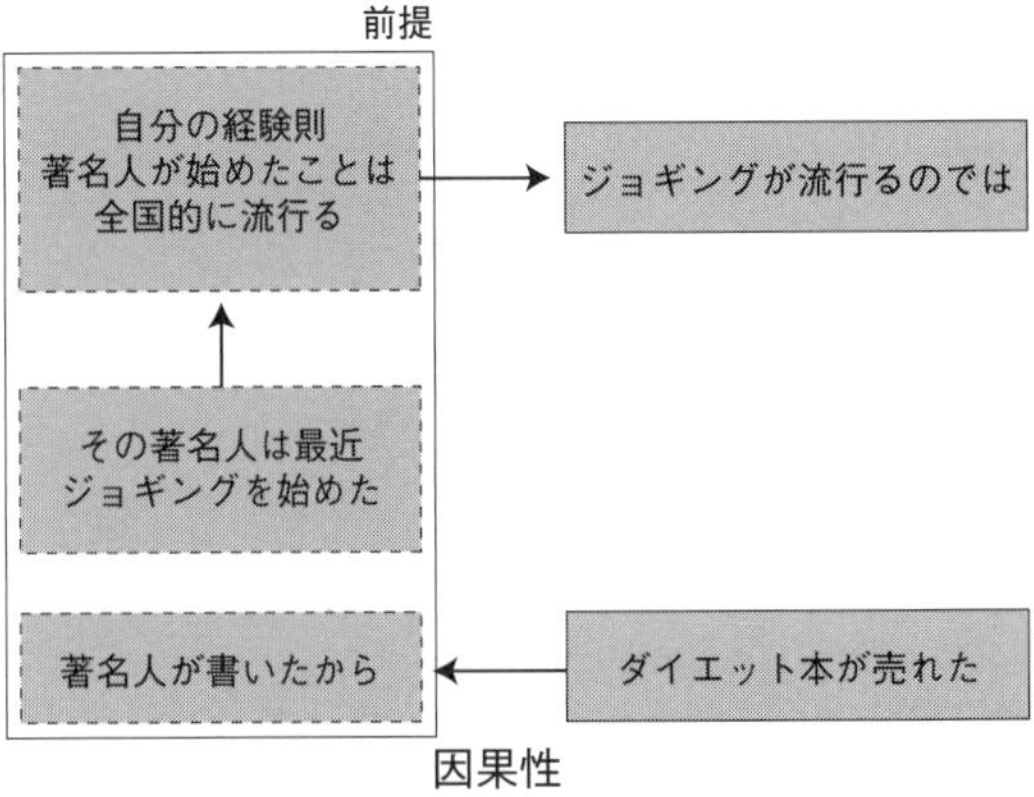

ことになります（図表４－13）。このように、「原因に対する仮説」と「自身の経験則」を組み合わせて、結論を出している可能性が出てきます。

他の可能性として、たとえば、以下のようなつながりにすることもできます（図表４－14）。

「ダイエット本が売れているのは、著名人が書いたからだ」
「その著名人は最近ジョギングを始めた」
「著名人が始めたことは全国的に流行る傾向がある」
「したがって、過去に事例はないけれど、ジョギングが流行るのではないか」

このようにあえて細かく描写をしてみると、さまざまな思考を経て、人は未来を予測していることがわかります。ここで注意しなければならないのは、「事象」と「予測」は語られますが、なぜその予測を導いているのかという「前提」については、語られることはそう多くはありません。なぜなら、自分でもしっかりとその「前提」を追い切れていなかったり、他者に伝えることをサボってしまっていたりするからです。

明らかな経験則を適用しているわけではない場合、すなわち、なんとなく関連しそうだということで論理を展開している場合は、自分自身も周りも前提をしっかり理解しないまま流してしまいがちです。その予測がどのような思考のつながりを経て導き出されたものなのか、まず自身で前提をしっかりと理解し、それを共有していくように努めましょう。

▼【注意点①】「意見からの予測」にはひと手間かかる

さて、ここまでは、予測という思考の裏側を確認していくために、ひとつの事実を起点に何が予測できるかということを考えてきましたが、現実はもっと複雑です。実際に起こりうるケースを考えていきましょう。

これまでの例では、「ダイエット本が売れている」という事実を起点に予測を展開してきましたが、この起点が、事実ではなく、たとえば「健康志向が高まっている」といった意見を元に予測が展開される場合もあります。

一見すると、前項で説明した論理の流れにおいて、「ダイエット本が売れている」を「健康志向が高まっている」に置き換えれば成り立つと思えるのですが、実は意味合いが変わってくるのです。

「健康志向が高まっているので、玄米ブームが来ると思います」と予測した瞬間に、周りから出てくる可能性のある問いかけは、「何をもって健康志向が高まっていると判断したのか」です。

前項の「ダイエット本が売れているので」についても、厳密にいえば、何をもってダイエット本が売れていると言えるのかという疑問が成り立つ余地はありますが、ここは、実際の売上額と前月比でどれくらい増えているのかを示せば、事実の提示としては十分です。

一方で、「健康志向が高まっているので」だと、これは起こっている事象に自身の解釈を加えた「意見」ですので、その解釈の説明が必要になるのです。

図表４－15

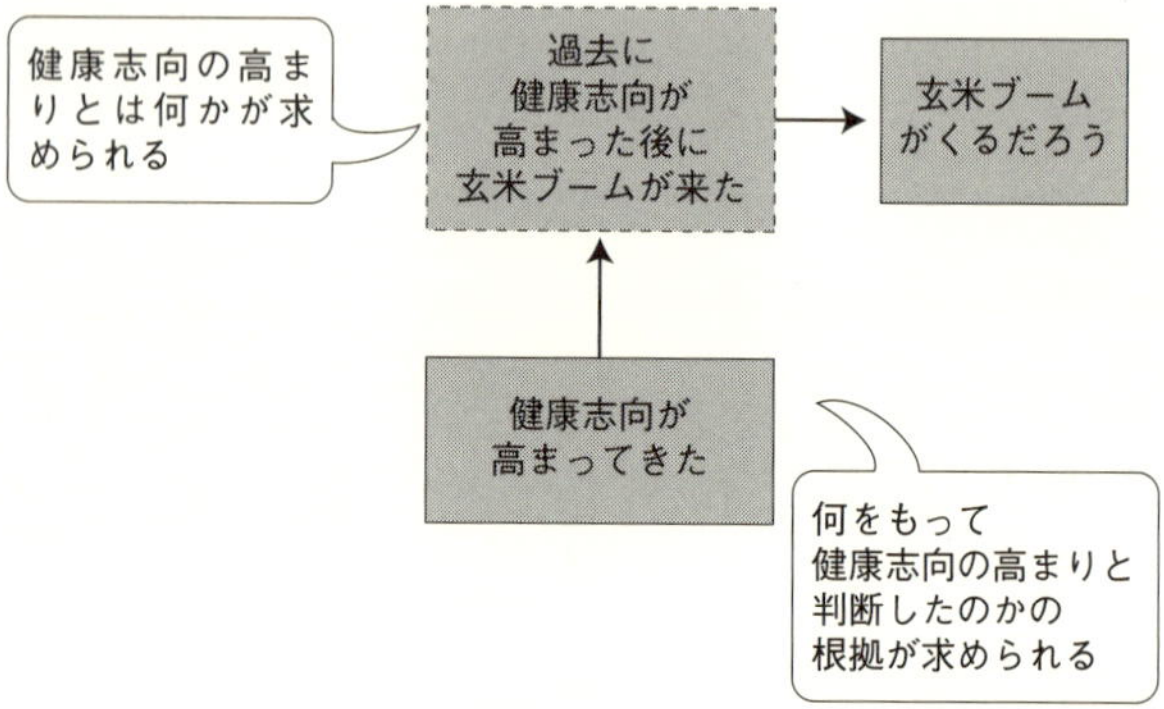

また、経験則にあたる内容も起点にあわせて「過去に健康志向が高まったあとに玄米ブームが来た」という内容が求められることになりますが、ここでも何をもって「健康志向の高まり」と捉えるのかが論点となってきます（図表４－15）。

ただ、これは、「よい」「悪い」ということではなく、事実を起点にしている場合は、事実を提示することで議論を先に進められますが、意見を起点にしている場合は、意見の根拠を求められる可能性があるということです。また、適用する経験則も、事実を元にした経験則よりひとつ複雑化した経験則になりますので、その分、前提共有のハードルが少し上がるということを理解しておきましょう。

また、関連性で予測をする場合も同様のことが求

図表4－16

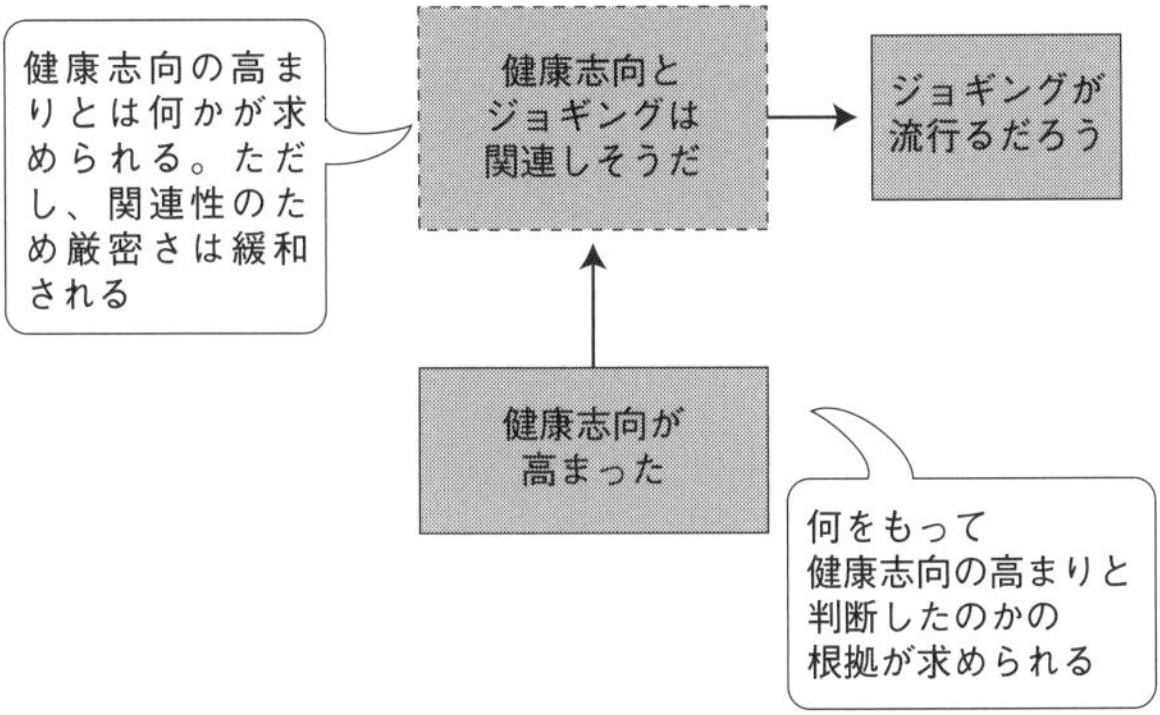

められます（図表4－16）。ただし、ダイエット本が売れたという事実を健康志向の高まりと捉え直すと抽象度が上がるので、ジョギングと関連づけられる余地は、逆に広がります。

▼【注意点②】手札によって予測が変わる

さて、ここまでは、起点となる事実はひとつでしたが、実際問題、起点をひとつに限る必要はありません。

ダイエット本が売れているという事実に加え、ランニング本も売れているという事実が同時に揃ったとしましょう。これを2つの独立した事実として予測を展開することもできますし、ダイエット本とランニング本に共通点を見つけて、健康志向が高まっ

図表４－17

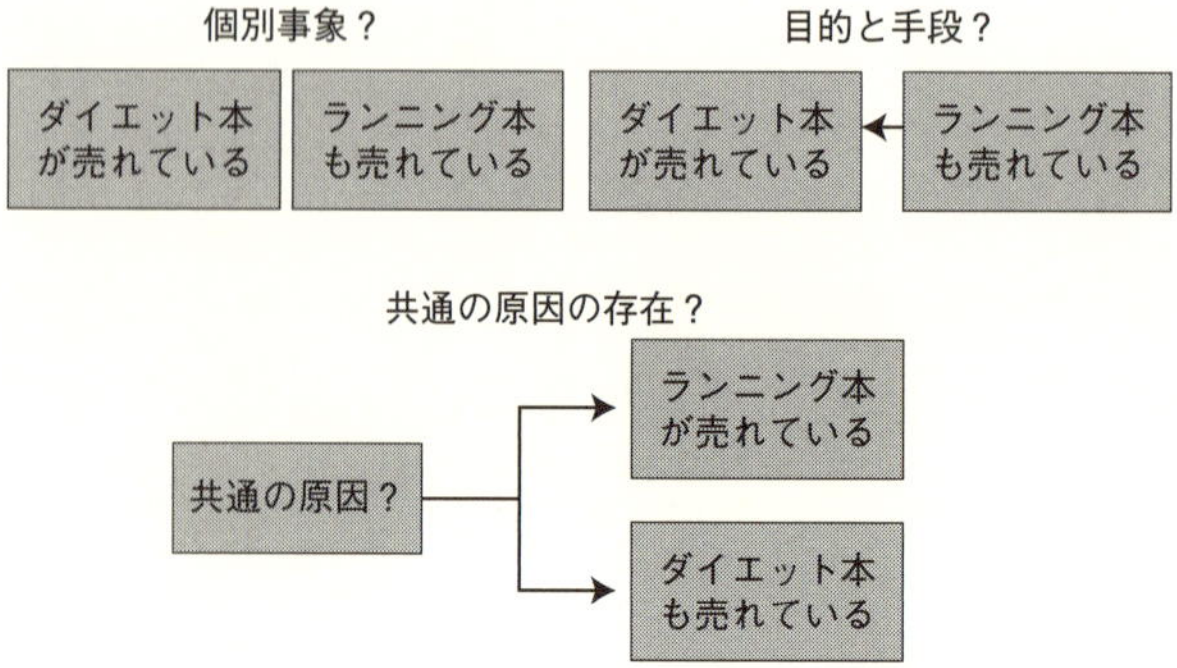

ていると解釈することも可能です。

また、２つの事実の間には因果関係があって、ダイエットの手段としてランニングが流行ってきていると捉えることもできます。複数の事実間の関係性をどう捉えるかによっても起点が変わってくるのです（図表４－17）。

▼【注意点③】そして、ロジックが絡み合い、うやむやになる

そして、実際の予測の現場には、

・複数の事実が存在している
・複数の経験則が存在している
・知らずしらずに自分の経験則がまぎれこむ

・事実間の正確な関連性はわからない
・経験則は適用する範囲が限られるはずだがそれが明確ではない
・どの事実をピックアップすればいいのかがわからない
・どの事実をつなげて考えればよいのかがわからない

など、ここまで述べてきたことが、同時並行的に発生しているものです。

こうなってくると、考えている当の本人も、自身の予測がどのようなロジックで導き出されているのか押さえられないという事情もうなずけるのではないでしょうか。自分自身の思考をしっかりと押さえることなく、そして、それを聞く側も丁寧に理解しようとすることなく、うやむやのうちに前提を共有したつもりになっているというのは、ありがちな風景です。

▼だからこそ、思考の共犯者をつくる努力をせよ

これまで見てきたように、予測という行為は細かく丁寧に分解をしていけば説明できる

のですが、実際には複数の事実、複数の経験則、複数のあなた自身の経験などを関連づけて、予測としての結論を出しています。

とすれば、自分の予測を周囲にしっかり理解してもらうには、できる限り、自身の思考を分解していくことが必要になるといえます。具体的には、次に掲げる項目を丁寧に自分でチェックしていく地道な作業が求められるのです。

〈起点は何か、適切か〉

・起点となる事実は、何なのか
・単数なのか複数なのか
・複数の場合、関連性は正しく捉えられているか

〈予測の方向は〉

・事実を起点に、過去を予測しているのか、現在を予測しているのか、未来を予測しているのか
・現在の予測であれば、何の関連性を元に拡張しているのか

・過去の予測であれば、因果の特定はできているのか、因果の検証はできているのか
・未来の予測であれば、経験則を当てはめているのか、関連性で考えているのか

〈相手とすり合っているか〉
・自分の勝手な経験則を持ち込んでいないか
・経験則が適用可能な条件を満たしているか

そして、予測の難しさは正解がないことです。考え方によっていろいろな可能性があり、時間が経過してみないと正しいかどうかの判断がつきません。

大切なことは、自分がどのような思考プロセスを経てその予測にたどりついたのかをつまびらかにし、そのプロセスとともに相手と共有できる下地をつくっておくこと。言い換えれば、思考のプロセスを合意して「たしかにそのように考えることもできるね」と言ってもらえる共犯者をつくっていくことが大切です。

6 「仮説」の精度を上げるためにいますぐにすべきこと

▼筋のいい起点を探そう

よりよい仮説を立てるためには、どのように仮説を導くかも大事ですが、何を起点にするかも非常に重要です。

「日ごろ何気なく見ている風景の中から、事実をきちんとピックアップすること」
「日ごろ何気なく見ている風景の中から、変化が起こっている事実をきちんとピックアップすること」

事実に対する感度を上げて、何気なく見ている風景の中でサラッと流してしまわないことが重要です。

加えて、認識できた事実同士の関連性を考えてみること、事実同士のちょっと違った組み合わせを考えてみることなども心がけていきましょう。

さらに、日々目にすることのない事実を積極的に取りにいくことも、新たなきっかけを得るという意味で大切です。自部門以外の情報を積極的に取りにいく、自社以外の情報を積極的に取りにいく、業界やさらには社会全体で起こっている事象や変化を捉えにいくということです。

▼「正しさ」ではなく、「サイクルを回す」ことにこだわる

最後に、「正しい仮説」を立てることに必要以上に労力をかけないことも重要です。前述したように仮説を立てることはそもそも難しい行為です。また、環境変化という意味でも、過去の経験があまり意味を持たない時代になってきているのも事実です。ですので、そこそこ説明のつく仮説が立ったのであれば、それを元に意思決定をして、アクションにつなげていきましょう。

そうすべき理由は２つあります。

図表４－18

予測を元に動く

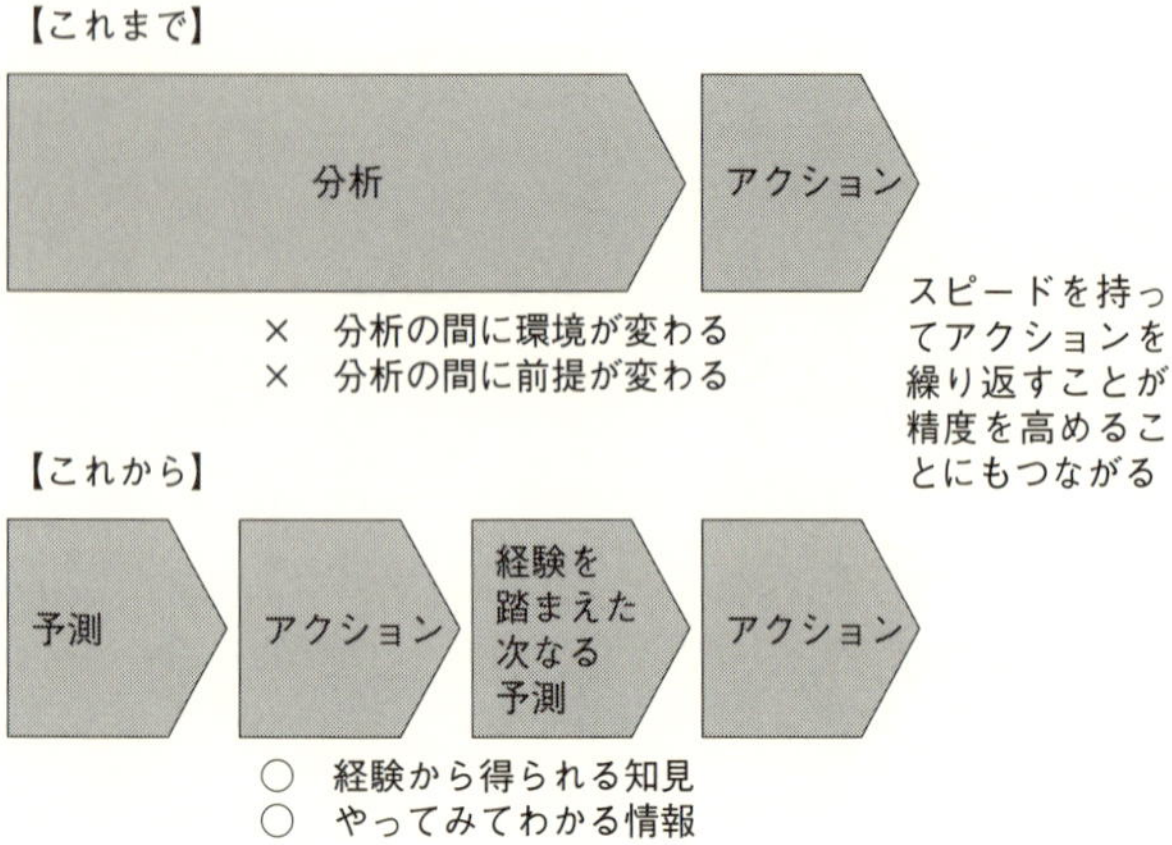

ひとつは、精緻に検討を重ねることの弊害です。検討に時間をかけているうちに環境そのものが変わってしまい、仮説の前提も変わって有効でなくなってしまう恐れがあります。そうなると、それまでの検討がムダになるだけでなく、検討にかけていた時間に他のことができた可能性も失ってしまいます。

もうひとつは、アクションを起こすことのメリットです。たとえラフな仮説に基づいたアクションで結果としてうまくいかなかったとしても、その経験から得られる知見や、やってみて初めてわかる事実も無視できません（図表４－18）。

精緻な検討をしたあとのアクション１

回より、ラフな予測に基づくアクションを2周回したほうが結果的にアウトプットの精度は高まる可能性があるのです。

第4章まとめ

- 仮説には、現在、過去、未来と3つの方向がある
- 過去への仮説は、因果の特定。相関、時期、そして定性的に説明ができるかの3つの視点で特定しよう
- 未来への仮説は、予測。何から何を予測しているのかを理解し、伝え、共犯者をつくること
- 仮説の正しさよりもサイクルを回すことを優先しよう

第5章

「選択」という大問題——結局、どう決めればいいのか

1 思考停止せずに、選択する

▼〈ストーリー〉わかってはいるけれど、決められない

生命保険のお客様センターで課長をしている今村さんは、ある顧客からのクレームについて課員から相談を受けています。

課員「今村さん。先日保険金をご請求いただいたお客さまから請求にあたってのプロセスがわかりにくいとのご指摘を受けました。郵送でのやり取りが3度も発生するのは煩わしいので、一度でやりとりが済むようにしてほしいとのご指摘ですが、どうしたらいいでしょうか」

今村「そうですね。たしかにご迷惑はおかけしていますが、お支払いできるかどうかわからない時点でさまざまな資料をお願いするのは、かえってご迷惑をおかけするこ

ともありますし、難しいでしょうね」

課員「やっぱりそうですか……。とはいえ、こういったお声は他のお客さまからも頂戴しますので、会社で改善のための検討はできませんか？」

今村「したいのは山々ですが、これは『決めの問題』なんですよね。事務センターや営業も巻き込む話ですし、彼らには彼らなりの意見があるでしょう。ある程度は決めていかないと難しいですね」

課員「……（それを決めるのが、今村さんじゃないのかな）」

▼決めることから逃げていないか

ビジネスパーソンであれば、数多く経験する会議。今日の議題は、業績向上のために、A案を採択するかB案にするか。1時間の議論の末、

「結局どちらにするかは、『決め』の問題ですね。あとは、課長、決めてください」

こんな風景に遭遇した経験があるのではないでしょうか。

そうです。「選択」という行為は、まさに「決め」の問題なのです。どう決めるか、言

い換えると決めるための根拠がまさに問われる行為なのです。

それにもかかわらず、肝心の選択を放棄し、思考を停止してしまう、もしくは、誰か別の意思決定者に委ねることで、選択を回避してしまうといったことが起こりがちです。どう決めていけばいいのか、この章では、「選択」について、考えていきましょう。

▼選択とは、判断基準に基づいて決めること

昨夜飲みすぎたためか、ちょっと寝過ごしてしまった朝――。朝食をとって出かけるか、遅刻をしないように朝食を抜くか、さらには、いつもは各駅停車でゆっくり座っていくけれども、今日は急行に乗るか。無事に会社につくと、急ぎの案件が入ってきた。午前中にもともと予定されていた会議に出るほうがいいのだろうけれど、果たして出席すべきか。このように、私たちの日常は、選択の連続にあるといってもいいかもしれません。

では、それぞれの選択の状況、何が決まれば判断がつくかを考えてみましょう。たとえば、

・「朝食をとるか抜くか」は、栄養と時間のどちらを優先させるか
・「急行に乗るか各駅停車に乗るか」は、座ること（体力の温存）と時間のどちらを優先させるか
・「会議に出るか出ないか」は、急ぎの案件への対応と会議での情報のどちらを優先させるか

このように、選択をするためには、何らかの判断基準が常に必要なのです。そして、この「判断基準が何か」ということがまさに肝になるのです。

▼納得感ある選択のための3要件

では、判断基準がしっかりしていれば、それで納得感をもって受け容れてもらえるかというとそれだけでは足りません。

A案を提案したところ、「B案のほうがよいのではないか」と指摘を受けてしまうこともあり得ます。評価そのものが適切であるかという点もしっかり考えておく必要がありま

図表５－１

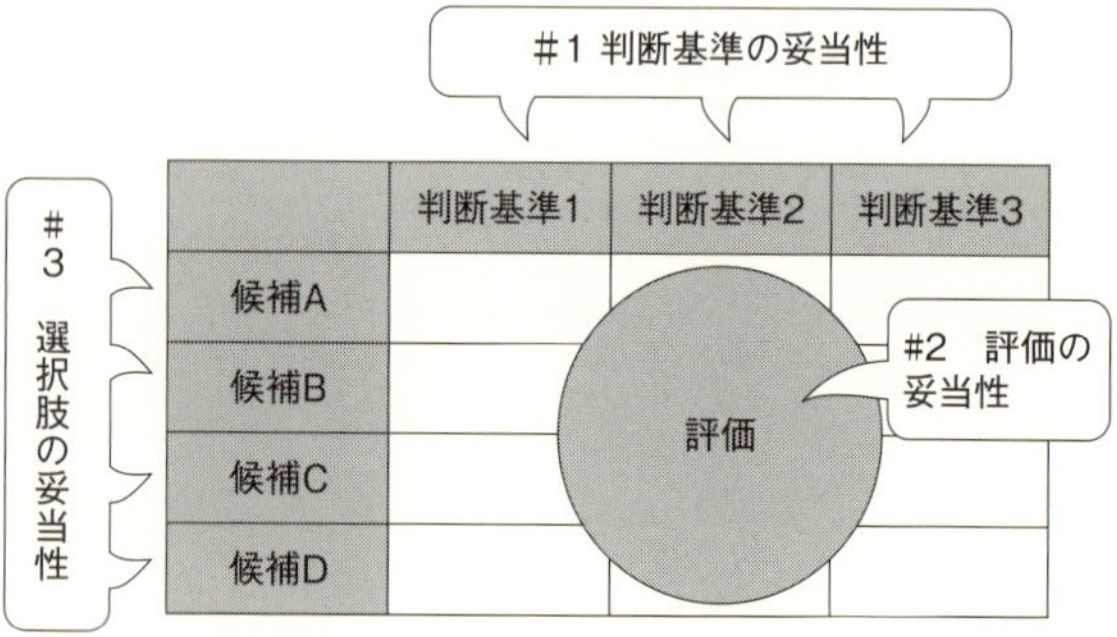

す。

また、A案とB案について、しっかりとした判断基準をおいてA案を提案したところ、「他にC案は考えたのか」と指摘を受けてしまう。選ばれる元となる選択肢自体が適切であるかもよく考えておく必要もあります。

したがって、選択において、留意するべき点は

1. 判断基準の妥当性
2. 評価の妥当性
3. 選択肢の妥当性

これら3つが問われることになってきます（図表5－1）。

2 「選択」の思考過程を分析する

▼〈ストーリー〉「廉価版」「高級版」どっちが正しい選択か

産業用精密機械をつくるC社。今後の新製品として既存製品の機能をそぎ落とした廉価版を開発するか、それともさらに機能を追加した高級版を開発するかの判断を迫られています。

廉価版の市場規模は大きく、伸びもありますが、競合も注目しており、投入すれば競争激化からさらなる値下げを迫られることが想像されました。

一方、高級版のほうは、市場規模は小さく伸びも廉価版に比べると低いですが、競合は技術力が壁となって参入は少ないことが見込まれています。

開発課長の飛田さんは、部長の唐木さんから意見を求められました。

唐木「飛田さん。今回の新製品ですが、廉価版と高級版のどちらがいいと考えていますか」

飛田「難しいですね。廉価版は大きな伸びは期待できますが、競合は必ず参入しますし、高級版であれば競合の参入は心配ないものの、市場が爆発的に伸びるともいえませんし」

唐木「で、どっちがいいと思いますか」

飛田「場合によると思います。競合の参入が脅威の場合には高級版ですし、脅威ではない場合には廉価版でしょうか」

唐木「……（うーん。答えになっていないな）」

▼判断基準は網羅性よりも重要な基準は何か考えること

では、まず、判断基準について考えていきましょう。

わかりやすい例として、パソコンを新しく買い替えることにしたとしましょう。候補はX社製とY社製の2つに絞りました。最後、どちらを選択するかの判断軸が必要になります。価格は、もちろん気になるでしょうし、処理速度、そして、デザインも重要な要素になるかもしれません。

よって、ここでの判断基準は、価格・速度・デザインの３つ。

あなたが選択をするのですから、この３つで判断してよいか、他に考慮にいれておくべき基準がないかをしっかり考え、特に思い浮かばなければ、この３つを軸に評価をしていくことになります。

このように判断基準は、まず一通り洗い出してみるところから始めましょう。

では、次の例を考えてみます。

生産性アップのための施策がＸ案、Ｙ案と２つあったとしましょう。判断基準を考えてみると、「費用」「効果」「労力」「実行可能性」といったところが、一通り洗い出した結果となるでしょう。

ただ、一通り洗い出した結果の判断軸では、Ｘ案もＹ案もそう大差はなく、選択しかねるといった状況も起こりえます。そんなときに重要になってくるのが、新たな判断軸です。

たとえば、組織を動かすためにも、すぐに成果が見えて成功体験を得られることが重要

図表５－２

基準1　基準2　基準3　＋　基準X

だから、即効性を重視してX案にしようという考え方もあるかもしれません。もしくは、Y案のほうが、メンバーからの支持率が高いので共感性を重視してY案にしようといった選択もありえます。前者であれば、即効性という新たな判断基準、後者であれば、共感性という新たな判断基準をもとに選択が行なわれるということです。

大切なことは、重要な基準を一通り押さえておくこと、そのうえで、加えるべき新たな視点はないかという頭の使い方です（図表５－２）。基準を漏れなく考えついたかどうかを気にする方は多いのですが、基準を厳密に漏れのないようにすることは非常に難しい行為です。

ですので、判断基準出しについては、たとえば、納期・品質・価格などの汎用的な判断基準を押さえつつ、これに加えるべき重要な視点はないかという頭の使い方をしていきましょう。

▼ビジネスで考慮すべきは「相手の判断基準」

「子供を公立の小学校に行かせるのか、私立の小学校に行かせるのか」の選択のための判断基準を出してみましょう。あなたは、公立で伸び伸び育ってきた経験があるので、「友達が多いか、通学が楽か」というのが大事な基準ですが、配偶者は、私立の出身のため、「進学にはどちらが有利か、学習環境はどちらがいいか」といったことを重視するといったことがあるかもしれません。

もしくは、「家族で田舎に移住しようかどうか」を選択するという場面を考えてみましょう。あなたは、「収入のあてはあるか、通勤は楽か、余暇を楽しめるか」が重要で、配偶者は、「時間を持てあまさないか、友人との交流は持てるか、文化的な刺激は得られるか」が重要な判断基準、子供にとっては、「転校が負担にならないか、学びという意味でどちらがよいか、交友関係はどちらがよいか」といったことが判断基準になりそうです。

このように、選択に際して、その選択に関与する人が複数いる場合、判断基準は多様化します。自分一人の選択で事が済む場合は、自分が何を重視するのかをしっかり吟味すればよいのですが、複数の関係者がいる場合は、相手、ならびに関係者の判断基準をも考慮にいれる必要が出てきます。

では、日常の組織の中での仕事を考えてみましょう。もちろん、自分の判断基準で物事を決めなければならないという状況も少なからずありますが、組織の中で仕事をするなら、他者との関わりは無視できません。また、仮に個人事業を展開されているとしても、自分一人で何かをなしうるということはまずなく、誰かの協力を必要とする状況が発生すると考えていいでしょう。

そうなると多くの場合、選択において他者の判断基準も併せて考える必要が出てきます。

組織という視点で考えてみると、少なくともポジションと部署の2つの視点で判断基準は異なります。あなたが重要視する判断軸と上司が重要視する判断軸は違います。

・これは、案件Aだけを見ればたしかにそうだけど、隣のチームの案件Bとの対比で考えると……といった管轄している業務の範囲の違い
・あなたにとってはそうかもしれないが、C君のことも考えると……といった管轄している人の違い
・過去からの経緯を踏まえると……とか、これから将来的に行なおうとしていることを踏まえると……といった時間軸の違い

などが根底に存在することになります。

また、組織は基本的に個別最適化を狙って設計されるものですので、属する組織が違えば、大事にする判断基準も違ってきます。どの会社にも多かれ少なかれ存在する「生産vs.営業」の構図などは、あえて説明をする必要もないでしょう。

ビジネスの選択においては、他者の基準を取り込まなければならない状況が結構多いこと、つまり、自分自身、もしくは自部署の外せない基準は何かを押さえつつも、それだけでは、物事は進まないことをしっかりと認識しておきましょう。

▼「支配的な基準」の有無を確認せよ

東京から福岡まで移動するときに、飛行機を利用するか、新幹線を利用するか、迷っているとしましょう。前節では、この場合の判断基準について、たとえば、

・どちらが安いのか（費用）

・どちらが早いのか（時間）
・どちらの本数が多いのか（融通、柔軟性）
・どちらが移動中も仕事ができるか（効率性）

といったことをまず洗い出そうと述べました。

ここでは、基準の重みづけということを考えていきます。これらの基準を同等に扱う場合もありますが、多くの場合は、基準間で重みに差があるものです。

たとえば、「目的地までには、3時間後に到着しなければならない」という状況であれば、2つ目の時間が重要な基準になってきますし、「いつ出かけられるかタイミングが読めない」という状況であれば、3つ目の柔軟性が大事な基準になります。

さらに、「台風が近づいているため、確実に移動したい」といった要件が出てくると、上述にはなかった、

「どちらが確実に移動ができるか」（確実性）

といった基準が加わって、その基準が選択に大きな影響を及ぼすことになります。言い換えると、ひとつ目のケースでは、時間が支配的な基準、2つ目は柔軟性が支配的な基準、3つ目は確実性が支配的な基準となります。

したがって、判断基準を洗い出した後に、しっかりと確認し、押さえておくべきは、次の2つになります。

・基準の重みはすべて等しいのか
・支配的な基準（その基準が選択に大きな影響を及ぼす）はないのか

状況によっては、他の何を置いても満たさなければならないという基準が存在することもあります。そうなると、他に基準の候補があっても、その基準を満たすかどうかが選択自体を規定してしまいます。

したがって、まずは支配的な基準がないかを押さえるようにしましょう。この支配的な基準は、「前提」「制約条件」「ノックアウト・ファクター」などと呼ばれたりもします。

▼リーダーは、突き詰めたあとに選択せよ

さきほどの新幹線か飛行機かという問いを改めて考えてみましょう。

東京のどこにいて、福岡のどこに向かうのかによっても評価は変わってくるのですが、東京駅までのアクセスと羽田空港までのアクセスは変わらないと仮定します。すると、

「新幹線5時間」 vs. 「飛行機2時間」

となり、新幹線と飛行機の差は、大きく捉えれば、時間はかかるが安い、早く移動できるが高いという、お金か時間かという選択に帰結するといえます。

ここまで「判断基準を洗い出したうえで選択を」という流れで考えてきましたが、突き詰めて考えると、基準Xと基準Yと結局どちらを優先するかという構図になっていることも往々にしてあります。

図表５－３

	基準1	基準2	基準3	基準4	基準5
案A	○	◎	△	○	△
案B	○	△	◎	○	△

「安全という基準を重視するのであればA」
「リターンの最大化を重視するのであればB」

「万人受けを重視してA」
「特色を出すことを重視してB」

「実績を重視するのであればA」
「新規性を重視するのであればB」

複数の判断基準を出したうえで、結局のところ、「どの基準」対「どの基準」が選択の分かれ目になるのかをしっかり見定めるレベルまで、考えておくことが重要です（図表５－３）。さらに、その一歩先、突き詰めた２つの基準のどちらを優先すべきか、自分なりの理由をつけて結論を出せるかが重要なのです。

これは、判断基準のどちらを優先させるかという「判断基準の選択」が求められていることになり、その選択のためには、「『判断基準の選択』をするための判断基準」というように、もうひとつ上位の基準が求められていることになります。

判断軸をさらに加える必要があるので、難易度がもうひとつ上がりますが、この判断基準の選択、まさに、最後は決めの問題という状況で、納得のいく理由とともに選択できるかどうかが、より上位職に求められる選択であり、ここで理由をつけられるようになると、思考は一気に強くなります。突き詰めたうえでどちらを選択するのか、リーダーには、その理由づけが求められているのです。

▼総合評価は見える化が鍵

前述のように、結局どの基準を重視するのかを突き詰めて選択をしていく場合がある一方で、複数の判断基準のバランスを加味して、単純にひとつの要素だけに着目した選択ができないケースもあります。

そのような場合、それぞれの判断基準ごとに3点満点や5点満点で評価し、合計点で評価するというやり方もあります。ただ、この方式の留意点は、「重みづけ」です。図表5

図表５－４

	基準1	基準2	基準3	合計	採択
案A	3	1	2	6	
案B	1	3	3	7	採用
案C	2	1	3	6	

	基準1	基準2	基準3	合計	採択
案A	3×2	1	2	9	採用
案B	1×2	3	3	8	
案C	2×2	1	3	8	

－４のように、たとえば、基準１の重みのつけ方を２倍にすると、結論が変わってしまいます。

総合評価という営みにおいては、「重みづけの妥当性」と「評価そのものの値の妥当性」の２つに対して納得感がないと、周囲から「恣意的ではないか」「どのようにでも判断が変わってしまうではないか」と思われるという難しさが残ります。

では、総合評価は行なわれることはないのかというとそんなことはありません。

逆のケースをイメージしてみるといいでしょう。

たとえば、「複数の判断軸は出してみましたが、結局重要視すべきは基準1なので、基準1だけに照らし、どれが最適かを考えた結果、案Aにするのがよいと考えます」と結論づけられたとしましょう。聞き手の頭の中には、「基準1だけでいいのか」という考えが間違いなく頭をよぎることになるでしょう。

また、重要な選択であればあるほど、単一の基準に基づいて選択することの怖さを感じるのも事実です。また、単一の基準のみにしてしまうと、一般的に相反すると目される「コスト」と「品質」、「機能性」と「デザイン」などの要素について、どちらか一方を犠牲にするような選択肢が出てこないとも限りません。

となると、総合的な評価とは、「選択肢が出そろったところで後から評価する」というよりも、あらかじめ重要視したい判断基準が提示されているシーンに、より適しているかもしれません。たとえば、大規模なコンペなどは、提案を募集する要項にどういった視点で評価するのかの基準が示されているケースもあります。

つまり、どういった要素で評価するかを事前に示すこと=何を大切にしてほしいかを伝えるというプロセスが踏まれていると考えられます。総合評価のための基準は、選択のためというよりは、事前の牽制という意味合いに使える場合もあると考えてもいいかもしれません。

そして、加えて大切なことは、どのように評価したのかの「透明性」です。どの項目に何倍の重みをつけるかは、それこそ「決め」の問題になってきますが、重みづけについて「理由づけ」ができるようしっかりとその根拠を持つこと、そして、実際にどのように評価したのかがわかる形で見える化していくことが大切です。

3 「選択」の精度を上げる

▼〈ストーリー〉TVコマーシャルは止めるべきか否か

産業用半導体を製造しているZ社では、自社製品のブランド価値を上げるために「ブランド価値経営」を標榜《ひょうぼう》しています。ブランド価値向上のために広報部部長の村上さんは、TVコマーシャルを展開し、Z社が半導体メーカーとして世の中に認知されるよう取り組んでいたところ、経営会議でそのTVコマーシャルが議題に上りました。

財務部長「ブランド価値経営の実施ということで、広報部のほうでTVコマーシャルを展開していますが、来年度は企画部が展示会を世界各地で実施する予定もあります。全体の予算が増えるということはありませんので、展示会とコマーシャルの予算は両部で調整してほしいのですが、みなさんのご意見をお聞かせください」

企画部長「広報部が展開してくれているTVコマーシャルですが、ブランド価値を向上させるには必要な気もしますが、コストもかかりますし、効果もどうやって判断するか難しいと感じています。来年度の予算が増えないということでしたら、TVコマーシャルは削ってもいいのではないかと思うのですが」

村上部長「TVコマーシャルは、スタートしてまだ1年ですし、そもそもブランド価値向上のためには欠かせないと思います。経営会議でも了承いただいてスタートした肝入りですから、ここで判断を覆すわけにはいかないと思います。すでに3億円も投資していますし、ここで止めてはその3億円もどぶに捨てるようなものです。展示会によって予算が増える部分は、企画部の中で収めてもらえませんか」

企画部長「ここで増額せずに従来の予算のままですと、売上はフラット化、もしくは３％程度の落ち込みが予想されているんですよ」
財務部長「困りましたね。社長からは『全体の予算は本年度と同額で』と言われているんですよね」

▼現状vs.変更――変えないメリットを乗り越えよう

さて、ここまでは、ＡとＢとどちらを選択するかというケースを考えてきましたが、ここでは、「スマホを買い替えるか否か」という「Yes or No」のタイプの選択について考えていきましょう。

早速、次のように判断基準を洗い出してみました。

・通信速度
・新機能
・デザイン

・費用

大抵の場合、新しいもののほうが、性能などはバージョンアップしている傾向にありますので、言い換えると、「通信速度＋新機能＋デザイン」は、買い替えに必要な「費用」より価値があるかどうかを考えることになります。

ただ、これまで見てきた「AかBか」という状況との違いは、「現状」があることです。AかBかの選択であれば、どちらかを選ばなければならないという前提があるため、判断基準をおいて純粋に決めていけばいいのですが、「現状」と「変更」の場合は、「現状」があるだけに、少し状況が難しくなります。

なぜなら、人は変化を避けたがる性向があるためです。言い換えると、現状のままでもいいと考えてしまいがちなので、買い替えるか否か検討する際の頭のなかは、

変えるメリット（通信速度＋新機能＋デザイン）∨変えるデメリット（費用）＋変えないメリット

となり、今のままでいいという慣性が強く働くのです。具体的には、変えないメリット、たとえば、データを移行しなくてもいい、操作に慣れているといったことが、無意識に頭の片隅をよぎり、それが重要なことのように見えてきます。

したがって、こうした変えないメリット＝今のままでも使えなくはないという状況をも乗り越えるだけの変えるメリット、いわば現状からの脱出エネルギーが非常に高く求められることになります。

ただ一方で、変えないメリットがあるのであれば、変えないデメリットもあります。したがって、「変えるメリット」「変えないメリット」「変えるデメリット」「変えないデメリット」をしっかりと認識することがスタートとなります。

変えるメリット：通信速度、新機能、デザイン
変えないデメリット：故障が多い
変えるデメリット：コスト
変えないメリット：移行不要、使いやすさ

この4つをしっかり考え、「変えるメリット＋変えないデメリット」と「変えるデメリット＋変えないメリット」とを比較して判断すると、より考えやすくなるでしょう。

▼メリット・デメリットで考えることの「効用」と「弊害」

選択においては判断軸が重要ということをベースにここまで考えてきましたが、判断軸として、「メリットは何か」「デメリットは何か」という視点は、馴染みがある基準だと思います。ここでは、「メリット・デメリットで考えること」のメリット・デメリットについて整理しておきましょう。

「メリット・デメリットで考えること」には、大きく2つのメリットがあります。

1. 汎用性があること（どんな状況においても使える可能性が高い）
2. わかりやすさ・考えやすさ（メリット＝よいこと、デメリット＝よくないこと）

一方で、「メリット・デメリットで考えること」のデメリットは、往々にして具体性に欠けがちであることです。メリット・デメリットという考える方向性は示してくれるのですが、では、具体的にどんなメリットがあるのか、デメリットがあるのかについては、実際には、もう一歩先でしっかりと考えなければならないことになります。

たとえば、「たばこをやめるべきか」という問いに対して、「メリットは、デメリットは」と判断軸を置くことは容易にできます。一方で、では「たばこをやめることのメリットは何か」を考えようとすると、具体的な中身を一生懸命考えなければなりません。

であれば、健康にはどちらがよいか、精神面ではどちらがよいか、費用はどちらがよいかといった具体的な判断軸を出してしまうというのも、ひとつの手です。

「メリット・デメリットで考えた結果、禁煙することにしました」ではなく、「健康面、精神面、費用面で考えた結果、禁煙することにしました」とするということです。

結局のところ、判断軸は複数あり、どちらで考えたほうがより考えやすいか（すらすら出てくるか）、考えが深まるか（具体的に細部まで詰めて考えられるか）について、状況に照らして適切なほうから思考を始めるとよいでしょう。

仮に、健康面、精神面、費用面というように軸が明らかな場合は、その軸をダイレクトに使っても構いませんし、どんな軸かも具体的に想定できない場合は、広くメリット・デメリットで思考を始めてみることも大事です。

そして、メリット・デメリットを判断軸にする際は、両者の洗い出しにとどまらず、メリットがデメリットを上回るのか否か、つまり「メリット∨デメリット」なのか、「メリット∧デメリット」なのかまでしっかりと判断するようにしましょう。

▼考えやすい「判断軸」を選択せよ

もう一度、さきほどのスマホの買い替えの例を考えてみましょう。

判断軸を洗い出して次のように6つの判断基準があると整理することもできます。

・ハードウェアの要件を満たしているか?
・ソフトウェアの要件を満たしているか?
・運用面・サポート面に問題はないか?
・デザインはよいか?
・追加コストは大きくないか?

・ユーザーの評価は高いか？

一方で、最後のユーザーの評価は、他の5項目それぞれにおいて気になるもの。であれば、各基準について、実際の事実（スペック）とそれをどうユーザーが評価しているのかという2つの視点を織り込むこともできます。

・ハードウェアの要件を満たしているか？　　事実は／ユーザーの評価は
・ソフトウェアの要件を満たしているか？　事実は／ユーザーの評価は
・運用面・サポート面に問題はないか？　事実は／ユーザーの評価は
・デザインはよいか？　事実は／ユーザーの評価は
・追加コストは大きくないか？　事実は／ユーザーの評価は

また、階層を入れ替えて、次のように整理することも可能です。

事実（スペックはどうか？）　ハードは／ソフトは／運用は／デザインは／コストは

ユーザーの評価は？　ハードは／ソフトは／運用は／デザインは／コストは
あなたの評価は？　ハードは／ソフトは／運用は／デザインは／コストは

前者が純粋に評価軸を洗い出しているという構造であるのに対して、後者は、事実を押さえ、他者を押さえ、そして、自分の評価を下していくという形であり、選択のためのプロセスが出てきていると考えることもできます。

2階層でみれば、結果は同じになりますが、これもメリット・デメリットと同様、基準を意識して考えたいか、プロセス（手順）をしっかり踏みたいかによって、考えやすい判断軸を選択していくようにしましょう。

▼直接比べにくい選択肢からも選択できる

では最後に、「どこに旅行に行くべきか」という問いを考えてみましょう。

「前々から上高地《かみこうち》に行きたかったんだ。でも、京都に古都散策でもいい……。さて、どちらにしようか」というように、行きたい候補があらかじめある場合は、これまで述べてきたように、判断基準を何にするかをしっかりと考えて、選択をしていくこととなります。

一方で、特に候補地がない場合もあります。そんな場合は、まず、どこに行くかを考えるにあたって、その候補地（選択肢）を洗い出すために、

・「いつ」にするのか
・どのくらいの「期間」にするのか
・いくらぐらい「費用」をかけるのか
・そして、そもそもの「目的」を何にするのか

といった、いわば前提となる条件を確認することになるでしょう。

・「いつ」「期間」については、9月の連休に絡めて2泊3日
・「費用」は2泊3日なので、10万円
・「目的」はのんびりできること

そして、のんびりできそうな候補地をリストアップして、どこがより目的に叶うか（のんびりできるか）で決めていくという流れが、望ましい手順になります。

ただ、実際には「いつ」「期間」「費用」といった条件に合致する候補先が選ばれ、あとから判断基準をおいて選択されることが往々にしてあります。そして、その際の判断基準は、必ずしも「のんびり」ではなく、どちらかというと選択肢に引っ張られて、「上高地であれば、登山もできるし」、「京都であれば、散策ができるし」となり、結局は「登山」vs.「散策」で判断されることになります。

つまり、判断基準が先にあるのではなく、選択肢からの後づけの場合もあるということです。

また、「いつ」「期間」についても、

「9月の連休に絡めて2泊3日もひとつの考え方だが、夏休みとして1週間、6泊7日もある」

「費用」についても、

「10万円までで押さえたいが、１週間休むのであれば30万円まで奮発してもよい」

となった結果、「上高地」vs.「ハワイ」といった選択を考えなければならないケースもあり得るということです。候補を出すための条件だったものが、条件ではなくなり、その結果、同じものを比較するのではなく、前提の異なる２つの選択肢からの選択をしなければならなくなるケースもよくあります。

ですので、ここで大切なことは、前提や条件が必ずしも前提ではなくなる状況もあるということを理解したうえで、同一の前提のもとで洗い出された選択肢間での選択（今回のケースでは、上高地vs.京都）ではなく、前提の揃わない選択肢間（今回のケースでは、上高地vs.ハワイ）からの選択もあり得るという認識を持つことが重要です。

つまり、仮に条件が異なっている選択肢からの選択であっても、判断するための基準を改めて自身で定義し、選択していくことが必要になります。

▼ビジネスに必要な「自己完結的」選択

最後に見た、当初は選択肢がない中で選択肢を洗い出し、そして選択するというパターンは、ビジネスそのものです。

単に判断基準をおいて選択のみを行なえばよいというケースよりは、そもそも何が選択肢となりうるのかを考えることが求められるケースの方が多いといえます。

1. まず、自分自身で前提や制約条件を確認し、選択肢を洗い出す
2. そのうえで、選択肢をどう評価すべきかを考え、適切な判断基準を自ら設定する
3. 判断基準に照らし、選択をする
4. 選択した結果を自分自身の結論として、組織に提案する

「Aを選択するのがよいと思います。そう考えるに至った前提は○○○で、代案はBとCを考えました。Aを選んだ理由は、×××を重視したからです」

「選択肢を洗い出し」「判断基準を決めて」「選択し」そして「提案する」という一連の行為を自ら完結できるように、選択に関わる論点を網羅できるようになっていきましょう。

▼その選択は「ストーリー」として妥当か

ここまで、選択とは判断軸をおいて決めること、その理解を前提に、判断基準をどのように設定すればよいか、どんな点に留意しなければならないのかを見てきました。最後に、ストーリーとしての妥当性というポイントを確認しておきましょう。

「スマホに変えるかどうか」
「新幹線か飛行機か」
「移住するか否か」

などの題材を扱ってきましたが、これらはすべて、何をするかというアクションに関わる選択です。そうなると、選択の結果は、「Aをしましょう」という提案になります。こ

の提案に納得感を持ってもらえるかは、本章の冒頭でも述べたように、

・選択肢の妥当性
（A案そのものの妥当性に加え、議論されるべき対案もきちんと網羅されていたか）

・判断基準の妥当性
（適切な判断軸が洗い出されていたか）

・評価の妥当性
（評価自体は適切か）

についての納得感があることが重要です。

一方で、「Aをしましょう」という提案に対して、選択肢・判断基準・評価が妥当であれば了解してもらえるかというと、さらに2つの要素が求められる場合があります。

図表５－５

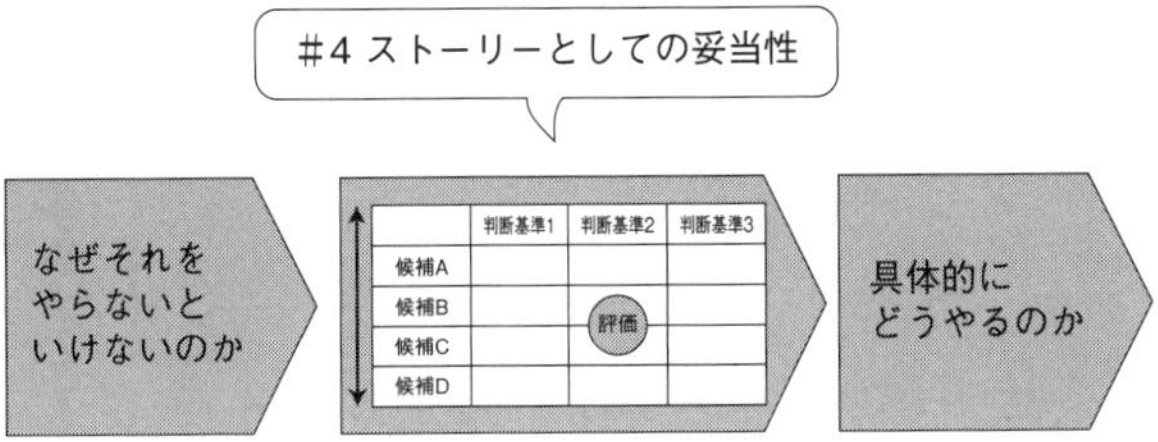

・「そもそも、なぜAをやらないといけないのか」という前工程の理解
・「具体的にAをどのようにやっていくのか」という後工程の具体性

正しい結論を述べているはずなのに、納得感がないという状況は、その前後のストーリーに対する認識、理解がないことに原因がある場合があります。

・背景の理解は十分に得られているのか
・具体性に対する理解は十分にあるのか

という点に留意し、一連の流れ、ストーリーとしての視点も持つように心がけていきましょう（図表５－５）。

第5章まとめ

- 納得感のある選択のためには3つの妥当性（判断基準・選択肢・評価）が必要
- 突き詰めたあとの選択こそがリーダーの仕事
- 自己完結的な選択ができるようになろう

第6章

「ロジカル」からスタートしよう

1 分析、評価、仮説、選択を意識してロジカルになろう

▼分析の根拠――丁寧に表現する

第1章で考えたように、「ロジカル」であるとは、つまるところ、言いたいこと（主張）に対して納得感のある根拠が添えられていることでした。

本章では、この理解をもとに、第2章以降で見てきた「分析」「評価」「仮説」「選択」について、「言いたいこと（主張）は何になるのか、その根拠には何が求められるのか」という視点で改めて整理していきます。

まず、「分析」です。

分析の基本は「分解」。これは、見えてきた事象をさらにきちんと分解していくことで何が起こっているかを正しく把握しようという営みです。そのために、さまざまな切り口

で分けて見てみようということでした。

分析を行なうと、事象を細かく分けていくため、事実を細分化することにはなりますが、事実を事実として伝えるということに変わりはありません。

つまり、このあと考える「評価」「仮説」「選択」は、事実に何らかの解釈が加わったり、判断が入ったりしますが、分析にはそれがないということです。したがって、丁寧に何が起こっているのかを表現することが最も大切なことになります。

あえていえば、「なぜ、その分解を行なったのかという理由」や「主張している以外の傾向は見えなかったという事実」を追加していることが、主張を補強することにつながります。

主張　何が起こっているか　⇓　分解して丁寧に事実を伝えることが重要

〈根拠に必要なもの〉

・なぜその切り口で分解をしたのかという理由

・主張以外の傾向は見えなかったという事実　等

▼評価の根拠——比較対象と評価の基準を意識する

次に「評価」。

評価は、意味合いを出すために比較対象が必要となります。ですので、その比較対象を何にしたかをしっかり述べる必要があり、当然、その比較対象の妥当性も求められることになります。また、場合によっては、なぜ、その対象と比較したのかの理由もつけるといいでしょう。

そして、最終的には「よいか、悪いか」の評価を下すことになりますので、なぜよいと判断したのか、なぜ悪いと判断したのかの根拠をしっかり示すことが求められます。

主張　よいと判断したのか、悪いと判断したのか

〈根拠に必要なもの〉

・何と比較したか

・なぜ、それを比較対象としたのか
・なぜ、よい／悪いと判断したのかの理由　等

▼仮説の根拠――「過去」「現在」「未来」によって変える

仮説については、現在への仮説（類推）、過去への仮説（因果）、未来への仮説（予測）の3パターンに分けて考えました。

現在への仮説（類推）は、起こっている事実から同様の事象が起こっているのではないかと考えること。したがって、今起こっている事実から類似事象を切り出して仮説を立てることになります。

主張　何が起こっているかを表現

〈根拠に必要なもの〉
・現在起こっていること

・現在起こっていることと仮説で起こっているだろうとしたことの類似性　等

過去への仮説（因果）とは、現在起こっている事象がなぜ起こっているのか、その原因にあたる事象を仮説として特定することでした。そこで、どのような事象を候補に挙げたか、それらの候補の中からなぜその事象を選んだのか。選ばれた事象で現在起こっている事象が十分説明できているという事実などがあると根拠が豊かになります。

主張　今起こっている事象の原因となる事象を表現

〈根拠に必要なもの〉
・どのような事象を候補に挙げたか
・それらの候補の中からなぜその事象を選んだのか
・選ばれた事象で現在起こっている事象が十分説明できている事実　等

未来への仮説（予測）については、第4章で述べたとおり、「本当にどうなるのかは誰にもわからない」という意味で正解がなく、そもそも証明が難しい行為です。ですので、自身が予想して示している事実が、今起こっている事象からどうすれば導き出されるのかを丁寧に示していくことが大切です。

主張　今起こっている事象からどんな事象が起こることが予測されるか

〈根拠に必要なもの〉

・今起こっている事象から主張で述べた事象が起こるということがなぜ言えるのかの説明（どのような経験則があるのか、どのような関連性を考えているのか）等

▼選択の根拠——選ぶ過程を見える化する

選択は、複数の選択肢の中からひとつの選択肢を選ぶという行為でした。

したがって、どのような選択肢を考えたのか、なぜそれらの選択肢なのか、どのような判断基準を考えたのか、なぜそれらの判断基準なのか、そして、どの判断基準を優先し、

どのように評価したのかなどの、選択の過程の見える化が求められることになります。

主張　何をやるか

〈根拠に必要なもの〉

・どのような選択肢を考えたのか
・なぜそれらの選択肢なのか
・どのような判断基準を考えたのか
・なぜそれらの判断基準なのか
・どの判断基準を優先したのか
・どのように評価したのか　等

2 「優しい」ロジカル・シンキング

▼「ロジカル」な土台をつくろう

では最後に、ここまで考えてきたことを振り返っておきましょう。

第1章で、ロジカルであることの目的に触れました。ロジカルになることで関係者に早く、正確に自分の考えていることを理解してもらえるようになり、その上で、よりよい意見を乗せてもらうことによって、よりよい成果につなげていくことが最終的な目的です。そのためには、正しく議論ができることが大切であり、その議論の土台をつくるために、「分析」「評価」「仮説」「選択」という思考の営みそれぞれにおいて、何がポイントで何が留意点なのかを第2章から5章で考えてきました。そして、主張と根拠という視点で「分析」「評価」「仮説」「選択」毎に何が必要かを確認してきたというのがここまで考えてきたことになります。ポイントだけまとめて整理すると図表6－1のようになります。

一手間を惜しまずに具体的にどうすればよいのかを考える際の、もしくは今自分は何を実際に考えているのかを客観視するための地図として参考にしてください。そして、ご自

選択

＃４　何をするか選択する

- 納得感のある選択のためには３つの妥当性（判断基準・選択肢・評価）が必要
- 突き詰めたあとの選択こそがリーダーの仕事
- 自己完結的な選択ができるようになろう

選択の根拠
　——選ぶ過程を見える化する

再掲　図表２－１

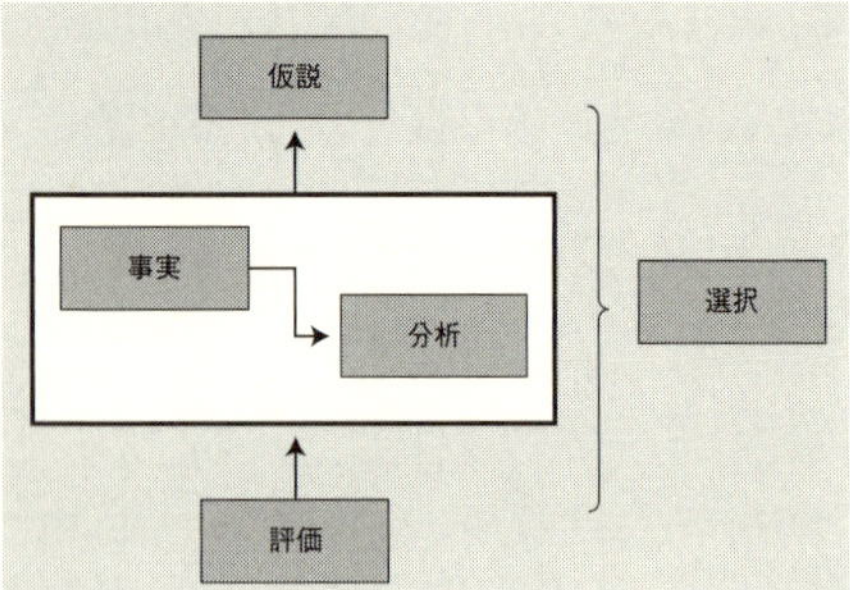

図表6－1

仮説

＃3　見えてきた事実をもとに仮説を考える

- 仮説には、現在、過去、未来と3つの方向がある
- 過去への仮説は、因果の特定
  相関、時期、そして定性的に説明ができるかの3つの視点で
- 未来への仮説は、予測
  何から何を予測しているのかを理解し、伝え、共犯者をつくること
- 仮説の正しさよりもサイクルを回すことを優先しよう

仮説の根拠
――「過去」「現在」「未来」によって変える

↑

事実 → **分析**

＃1　何が起こっているか正しく把握する

- 分析は、分解すること
- 定量は、足し算か掛け算で、定性は、要素かプロセスで分解しよう
- 表面的な数字に惑わされず、侵入角度を深くしよう

分析の根拠――丁寧に表現する

↑

評価

＃2　見えてきた事実の良し悪しを判断する

- 評価の肝は、対象の選択、「時間×範囲」を意識して、変数を揃えよう
- 「絶対値」を掴み、「変化と傾向」を理解しよう
- 最後は主観になる。だからこそ、透明性を

評価の根拠
――比較対象と評価の基準を意識する

ロジカル

- 主張に納得感のある根拠が添えられること
- 100%の根拠はないが、根拠を豊かにする努力はすること
- ロジカルである目的は、よりよい成果のため。正しい意見よりも正しく議論できることにこだわろう

身でぜひこの地図を書きなおし、書き加えていくことで、ご自身の「ロジカル」な土台をつくっていってください。

▼間違った努力をしない、優しいロジカル・シンキングを

最後に改めて指摘したいことは、ロジカル・シンキングは相手を攻撃するためのものではありませんし、自分の防御のために使うものでもありません。

ロジカル・シンキングは、相互の適切な理解を促し、建設的な意見交換を進めるために必要なものであり、相互への優しさをもって使っていくことがなによりも重要です。

みなさんの考えが土台となり、よりよい成果が組織から多く生み出されることを願っています。

第6章まとめ

- 分析、評価、仮説、選択によって、根拠を豊かにする努力の方向性が違う
- 「ロジカル」な土台をつくろう
- 成果につながる優しいロジカル・シンキングを心がけよう

おわりに

ロジカル・シンキングは、しばしばクリティカル・シンキングというタイトルでも語られることの多い領域です。ロジカルの印象と相まって、クリティカル（批判的）に相手を攻撃すると捉えられがちなのですが、クリティカル（批判的）な対象は実は自分の思考です。ちょっと客観視できるようになるだけで、物事の理解が進み、コミュニケーションにおける伝わりやすさが飛躍的に向上すると感じていたことが、本書執筆の背景です。

内容に大きな誤りはないつもりですが、説明については、よりロジカルに、そして簡潔に表現できるところは多数あるでしょう。また、メッセージを強調するために落としている視点などもあろうかと思います。そんな不十分さはあるかもしれませんが、しかし一方で、実際に多くのビジネスパーソンの方々とのリアルな接点を通じて見えてきた傾向や、その中で実際に伝えていて共感してもらえる点などを盛り込んでいます。少しでも参考にしていただければ嬉しく思います。

ロジカルであることのちょっと偏った認識。第1章の「何のための『ロジカル』か」でも触れましたが、自分を大きく見せるためのものでもなく、相手を攻撃するものでもなく、組織、仲間を信頼し、より高いアウトプットにつながる土台を高めるためのものであるはず……そんな世界観をお伝えできていれば幸いです。

今回の内容に直接的に関わる議論をご一緒することができた何千人ものビジネスパーソンの皆さま、本書の刊行に至るまでさまざまなご支援をいただいたPHP研究所の池口祥司氏、宮脇崇広氏、思考という領域について、常に多くの示唆と考える姿勢を示し続けてくださっている吉田素文氏、今回の本の企画・構成・事例などに協力をいただいた同僚の堤崇士氏、岩越祥晃氏、大島一樹氏、そして、家庭でのロジカル・シンキングについてさまざまな考察を与えてもらえる妻と息子に感謝し、筆をおきたいと思います。

平成29年7月

グロービス経営大学院教授　岡　重文

参考図書

『[実況] ロジカルシンキング教室』(グロービス著、嶋田毅執筆、PHP研究所)
『改訂3版 グロービスMBAクリティカル・シンキング』(グロービス経営大学院著、ダイヤモンド社)
『改訂3版 グロービスMBAマネジメント・ブック』(グロービス経営大学院編著、ダイヤモンド社)
『新版 考える技術・書く技術』(バーバラ・ミント著、山﨑康司訳、グロービス・マネジメント・インスティテュート監修、ダイヤモンド社)
『新版 問題解決プロフェッショナル』(齋藤嘉則著、ダイヤモンド社)
『ロジカル・シンキング』(照屋華子、岡田恵子著、東洋経済新報社)
『統計学が最強の学問である 実践編』(西内啓著、ダイヤモンド社)
『数学×思考=ざっくりと』(竹内薫著、丸善出版)

〈著者紹介〉
グロービス
1992年の設立来、「経営に関する『ヒト』『カネ』『チエ』の生態系を創り、社会の創造と変革を行う」ことをビジョンに掲げ、各種事業を展開している。
グロービスには以下の事業がある。(http://www.globis.co.jp)
●グロービス経営大学院
・日本語(東京、大阪、名古屋、仙台、福岡、オンライン)
・英語(東京、オンライン)
●グロービス・マネジメント・スクール
●グロービス・コーポレート・エデュケーション
(法人向け人材育成サービス/日本・上海・シンガポール・タイ)
●グロービス・キャピタル・パートナーズ(ベンチャーキャピタル事業)
●グロービス出版(出版/電子出版事業)
●「GLOBIS 知見録/ GLOBIS Insights」(オウンドメディア、スマホアプリ)

その他の事業:
●一般社団法人 G1(カンファレンス運営)
●一般財団法人 KIBOW(震災復興支援活動、社会的インパクト投資)

〈執筆者〉
岡 重文(おか・しげふみ)
グロービス経営大学院教授。
京都大学大学院工学研究科応用システム科学専攻修士課程修了。工学修士。大手情報システム会社、コンサルティング・ファームを経てグロービスに入社。企業研修担当、eLearning 事業の立ち上げに関与したのち、経営管理本部にて、情報システム部門ならびに人事・総務を統括。現在はファカルティ本部にて、「クリティカル・シンキング」「ビジネス定量分析」「テクノベート・シンキング」等のコンテンツ開発や、講師の育成業務に関わる。

〈執筆協力〉
堤 崇士(つつみ・たかし)
グロービス経営大学院准教授。京都大学経済学部卒業、Ashridge Business School(MBA)修了。
大手損保会社にて企業向け損害サービス部門、グロービスにて企業研修の企画・設計・営業、外資系製薬会社にて採用および人事ビジネスパートナーを経て現職。

PHP
Business Shinsho

PHPビジネス新書 382

[ポケットMBA]ロジカル・シンキング
互いに理解し、成果につなげる!

2017年8月1日　第1版第1刷発行

著　　　者　グロービス
発　行　者　岡　修平
発　行　所　株式会社PHP研究所
東京本部　〒135-8137　江東区豊洲5-6-52
ビジネス出版部　☎03-3520-9619(編集)
普及一部　☎03-3520-9630(販売)
京都本部　〒601-8411　京都市南区西九条北ノ内町11
PHP INTERFACE　http://www.php.co.jp/
装　　　幀　齋藤 稔(株式会社ジーラム)
組　　　版　朝日メディアインターナショナル株式会社
印　刷　所　共同印刷株式会社
製　本　所　東京美術紙工協業組合

ISBN978-4-569-83637-9

「ＰＨＰビジネス新書」発刊にあたって

わからないことがあったら「インターネット」で何でも一発で調べられる時代。本という形でビジネスの知識を提供することに何の意味があるのか……その一つの答えとして「**血の通った実務書**」というコンセプトを提案させていただくのが本シリーズです。

経営知識やスキルといった、誰が語っても同じに思えるものでも、ビジネス界の第一線で活躍する人の語る言葉には、独特の迫力があります。そんな、「**現場を知る人が本音で語る**」知識を、ビジネスのあらゆる分野においてご提供していきたいと思っております。

本シリーズのシンボルマークは、理屈よりも実用性を重んじた古代ローマ人のイメージです。彼らが残した知識のように、本書の内容が永きにわたって皆様のビジネスのお役に立ち続けることを願っております。

二〇〇六年四月

ＰＨＰ研究所